당신의 쓰레기는
재활용되지 않았다

당신의 쓰레기는 재활용되지 않았다

초판 1쇄 발행 2022년 4월 15일
초판 2쇄 발행 2022년 7월 15일

지은이 미카엘라 르 뫼르
옮긴이 구영옥
펴낸이 홍석
이사 홍성우
인문편집팀장 박월
책임편집 박주혜
디자인 디자인잔
마케팅 이송희·한유리·이민재
관리 최우리·김정선·정원경·홍보람·조영행·김지혜

펴낸곳 도서출판 풀빛
등록 1979년 3월 6일 제2021-000055호
주소 07547 서울특별시 강서구 양천로 583 우림블루나인비즈니스센터 A동 21층 2110호
전화 02-363-5995(영업), 02-364-0844(편집)
팩스 070-4275-0445
홈페이지 www.pulbit.co.kr
전자우편 inmun@pulbit.co.kr

ISBN 979-11-6172-834-6 (03330)

※ 책값은 뒤표지에 표시되어 있습니다.
※ 파본이나 잘못된 책은 구입하신 곳에서 바꿔드립니다.

당신의 쓰레기는
재활용되지 않았다

미카엘라 르 뫼르 지음 | **구영옥** 옮김

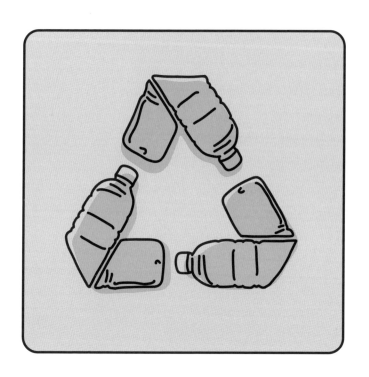

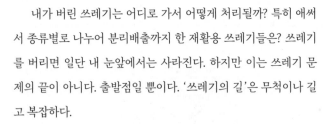

내가 버린 쓰레기는 어디로 가서 어떻게 처리될까? 특히 애써서 종류별로 나누어 분리배출까지 한 재활용 쓰레기들은? 쓰레기를 버리면 일단 내 눈앞에서는 사라진다. 하지만 이는 쓰레기 문제의 끝이 아니다. 출발점일 뿐이다. '쓰레기의 길'은 무척이나 길고 복잡하다.

『당신의 쓰레기는 재활용되지 않았다』는 재활용 쓰레기 처리 시스템과 흐름의 진실을 추적한 책이다. 저자는 재활용이라는 '신화'에 담긴 모순과 부조리, 그리고 거짓말을 폭로한다. 그럼으로써 쓰레기 재활용을 둘러싼 우리의 고정관념과 허위의식을 전복한다. 책상머리에 앉아서 쓴 앙상한 이론서가 아니다. 현장을 누빈 발걸음과 수많은 사람의 목소리가 생생하게 담긴 실증적인 현실 탐사 보고서다.

무대는 베트남 하노이 외곽의 민 카이 마을. 전 세계에서 실려 온 플라스틱 쓰레기가 모이는 곳이다. 주민 대다수는 쓰레기들을 해체하고 분류하고 재가공하는 일에 종사한다. 생계를 잇기 위해서다. 작업의 명분은 재활용이다. 하지만 이 마을을 뒤덮고 있는 것은 극심한 환경오염이다. 주민들의 건강이 온전할 리 없다. 쓰레기를 재활용한다는 마을에서 사람이 쓰레기로 전락하고 있다.

이뿐만이 아니다. 불평등이 깊어졌다. 민주주의가 망가졌다. 지역 공동체가 무너졌다. 한쪽에서는 다수의 '재활용 프롤레타리아'가 위험하고 불결한 환경 속에서 구슬땀을 흘린다. 그러나 다른 한쪽에서는 부패한 결탁으로 이루어진 소수의 '쓰레기 마피아'가 재활용 사업으로 부와 권력을 챙긴다. 이것이 '친환경'이라는 이미지로 덧씌워진 재활용 산업으로 먹고사는 이 마을의 민낯이다.

책을 읽으며 새삼 떠올리게 되고 강조하고 싶은 것은 두 가지다. 하나는 이른바 '그린 워싱(Green Washing)'에 대한 경각심이다. '녹색 분칠' 혹은 '위장 환경주의'라고도 한다. 실제로는 친환경적이지 않으면서도 친환경적인 것처럼 홍보하거나 속이는 걸 가리킨다. 이윤 극대화가 가장 중요한 목표인 기업들이 자주 쓰는 수법이다. 쓰레기 재활용도 여기서 자유롭지 않다. 이 책은 이 점을 예리하게 파헤치고 있다.

다른 하나는 환경문제는 곧 정치문제라는 인식이다. '순수한' 환경문제란 없다. 환경문제에는 빈곤, 불평등, 민주주의, 정의 등의 문제가 깊숙이 새겨져 있다. 국제적 성격을 띠는 환경문제들은 그 바탕에 신자유주의 세계화나 제국주의의 논리가 깔린 경우도 많다. 쓰레기 역시 현실의 참모습을 들여다보게 해 주는 창(窓)이다. 우리 삶의 거울인 동시에 체제와 문명의 발자국이다. 이 책이 전하는 민 카이 마을의 현실은 이 마을이 세상의 '압축판'이라는 사실을 아프게 보여 준다.

산업혁명 이후 인류는 흥청망청 생산하고 소비하고 버리면서 어마어마한 '쓰레기 제국'을 건설해 왔다. 그 결과 지구 생태계의 질서와 균형이 깨졌고, 급기야 인간의 지속 가능한 생존마저 위태로워지고 있다. 쓰레기 문제, 특히 재활용에 얽힌 '불편한 진실'을 제대로 알고 싶은가? 혹은 환경문제를 둘러싸고 있는 복합적인 구조와 맥락을 정확히 이해하고 싶은가? 이 책은 이런 공부에 썩 맞춤한 길잡이가 되어 준다. 민 카이 마을에 범람하는 플라스틱 쓰레기 중에는 한국에서 내가 버린 것들도 포함되어 있을 수 있다. 게다가 베트남뿐만 아니라 지구 다른 곳에서도 또 다른 민 카이 마을을 어렵잖게 찾아볼 수 있다. 그래서다. 이 책은 나의 이야기이자 우리 모두의 이야기다.

_장성익(환경과생명연구소 소장, 작가)

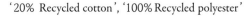

'20% Recycled cotton', '100% Recycled polyester'

큰 상점에 가면 이런 표를 달고 있는 신상품을 어렵지 않게 찾아볼 수 있다. 쓰레기, 그 중에서도 플라스틱 문제에 관심이 있다면 이 상품을 살 것이다. 사면서 이런 생각을 한다. '나는 지구 환경을 개선하고 기후 변화 속도를 늦추는 데 기여하고 있어!'

그런데 혹시 이 상품이 어떤 과정을 거쳐 재활용되었는지 생각해 본 적 있는가? 재활용할 쓰레기를 분류하고 세척한 사람은 누구일까? 쓰레기였던 플라스틱을 압축하고 녹여 새로운 모습으로 성형할 때 나오는 유독 가스는 누가 마셨을까? 공장에서 배출된 오염수는 어디로 갈까? 기업이 이렇게 위험 요소가 많은 재활용 산업에 뛰어든 이유는 무엇일까?

『당신의 쓰레기는 재활용되지 않았다』는 이 같은 질문들에 아주 좋은 답을 준다. 베트남의 민 카이 재활용 마을에서 투명한 비닐봉투를 씻어 모으는 일은 모두 가난한 여성들 차지다. 재활용 공장에서 나오는 유독 가스는 가난한 노동자들이 마시고, 공장에서 흘러나온 화학물질에 수천만 마리의 물고기가 떼죽음을 당하면 강가에 살던 가난한 사람들은 생계 수단을 잃는다. 재활용 상품에는 가난한 사람들의 노동이 집약되어 있다.

우리는 재활용 표시가 붙은 상품을 구입하며 지구의 자원을 과도하게 소비한 행동에 용서를 구하지만, 생각과 달리 재활용은 지구를 구하기에 역부족이고 가난한 사람들의 희생을 너무 많이 요구한다. 재활용 산업으로 막대한 수익을 얻는 기업은 이런 사실을 숨긴다. 그렇다면 재활용은 좋은 해결책일까?

이 책은 이 같은 문제에 대해 경제적, 역사적, 철학적 근거를 제시하며 인간이 보다 나은 방향으로 나아갈 바에 대해 생각하도록 한다. 함께 생각해 보자. 재활용, 순환 경제가 인간을 살릴 수 있을까?

_이지유(『기후 변화 쯤 아는 10대』 저자)

할머니들과 어머니들께
이모와 고모 그리고 자매들에게
그들의 딸들에게

○

상드린 뮈소를 추모하며

"넝마가 종이를 만들고
종이가 돈을 만들고
돈이 은행원을 만들고
은행원은 대출을 만들고
대출은 거지를 만들고
거지는 넝마를 만들고
넝마는 종이를 만든다네."

○

18세기 동요
프로방스의 생 퐁스 수도원

목차

추천의 말 4

프롤로그
_당신이 '분리수거한' 플라스틱이 도착하는 곳, 민 카이 마을 14

'플라스틱' 블랙박스
_보이지 않는다고 해서 사라진 것은 아니다 26

쓰레기 패러독스
_다시 태어났는데 또 쓰레기? 56

재활용 마을에서 일어나는 일들
_누군가는 진화하고 누군가는 퇴화한다 80

돌고 돌아 다시 원점?
_순환이라는 거짓말 106

에필로그
_우리가 믿고 싶어 하는 '재활용'이라는 신화 132

출처 및 참고 문헌 142

당신이 '분리수거한' 플라스틱이 도착하는 곳, 민 카이 마을

나는 박사가 됐다. 그것도 정확히 10일 전에 인류학 박사가 됐다. 학위 논문 구두 심사는 1월 중순에 브뤼셀자유대학교에서 치렀다. 쌀쌀한 날씨에 공원 잔디에 내려앉은 작은 눈송이가 몇 시간은 버틸 정도였다. 그날, 나처럼 구두 심사를 받기 위해 벨기에에 온 다른 동료들과 함께 '제로 웨이스트'에 가까운 논문 뒤풀이를 준비했는데, 애를 쓴 것에 비해 현지 느낌은 별로 나지 않았다. 질 좋은 브르타뉴산 통조림,

신선한 마르세유산 빵과 나베트 정도를 가져다 놓고, 마지막에는 오래되고 귀여운 쟁반이나 바구니, 짝이 안 맞는 수건 등 어머니들이 모아 뒀을 법한 물건들을 회수해서 파는 익셀의 레프티리앙(중고품 가게-옮긴이주)에서 산 중고 유리컵들을 꺼내 놓았다.

대부분의 학회가 일회용 플라스틱 컵과 플라스틱 포장재, 일회용 접시와 식기들로 가득 찬 쓰레기통으로 끝이 나는 학계에서 이렇게까지 해야 할 이유가 있었다. 동료들이 나를 '쓰레기 전문가'로 부르는 만큼 작은 일이라도 생각과 행동에 일관성을 갖춰야 할 책임이 있기 때문이다.

여하튼 심사 위원들은 나의 쓰레기와 플라스틱 재료, 그리고 베트남의 생태 변화에 대한 연구와 '플라스틱시티(plasti-cités)'라는 견해에 고무된 듯 보였다. 그제야 비로소 나는 마음 편히 수제 시드르와 함께 나오는 게메네 소시지의 독특한 맛을 음미했다.

'플라스틱시티'라는 표현은 내 흥미를 자극했던 플라스틱 재료들의 기본적인 특성과 더불어, 연구를 진행하면서 주 활동 지역이 된 몇몇 중소 도시들을 떠오르게 한다. 내가 사용하는 용어에 개인적인 취향이 있다는 점은 인정하지만,

재미와 형식을 떠나 이런 표현들은 사회과학에 토대를 둔 것이다. 적절한 용어와 형식은 정확하게 표현하고 분석하며 이해하는 데 도움이 된다. 연구를 재현하려면 표현력이 있어야 한다. 환기하고 설명하며 접근하고 질문해야 한다. 모든 것이 언어를 통해 이뤄진다.

나는 박사 학위를 손에 쥐고 마르세유로 돌아와 우리 연구소에서 조직한 음성 집필에 참여했다. 장소는 르 파니에 구 시가지에 있는 비에이 샤리떼 박물관이었는데 예전에 호스피스로 썼던 곳이다. 당시 논문 등록도 마친 터라 나는 당장 신청했다. 나에겐 소리가 일종의 도피처 같았기 때문이다.

몇 안 되는 팀원 중에서 상드린이 나와 함께 탐험할 짝이 되었다. 나와 같은 인류학자인 그는 몇 년 전부터 대학에서 강사이자 연구원으로 일하고 있다. 베트남이었다면 상드린을 큰언니—chị—라고 불렀을 것이다. 우리는 2018년 11월 5일에 일어난 오바뉴 거리의 건물 붕괴에 대한 이야기를 나누었다. 여덟 명의 사상자를 낸 이 사고로 도시에 긴급 대피령이 연이어 내려지며 많은 사람이 대피했다. 마르세유 출신이자 연구자인 우리에게 강한 인상을 남긴 이 비극적 사건의 영향에 대해 함께 연구하게 되리라고는 그 당시의 우리는 몰랐다.

살을 에는 듯한 추운 날씨에 이런 걱정스러운 대화를 나누면서도 우리는 만나기만 하면 웃음이 그칠 줄 몰랐다. 우리의 마이크에 말을 해 줄 누군가를, 또는 헤드폰으로 소리를 들려 줄 사물을 만나기 위해서 절반은 젠트리피케이션의 영향을 받고 절반은 부서진 골목길을 바람 소리를 들으며 함께 걸었다.

그 길에서 만난 장 피에르 씨가 짧은 인터뷰에 응했다. 그는 마르세유시의 청소과에서 일하고 있었고 마침 출근하는 길이었다. 프로방스 억양을 가진 이 폐기물 처리 노동자는 몇 분 만에 우리에게 섬세하고 명료하며 시적인 음성 자료를 제공했다. 우리를 둘러싼 바람이 이 거리에 대한 반성적인 분석과 흔해 빠진 비판을 날려 버렸다. 그렇게 우리는 거리 철학의 한 단편을 녹음했다.

그의 말들은 단순 명료한 이미지를 만들어 내어 상드린과 내가 일상에서 자주 마주하는 파괴된 도시의 풍경을 그려냈다. "바람이 부는 날, 쓰레기통이 넘치기라도 하면 모든 게 다 날아가 버려요!" 장 피에르는 분개하며 마르세유의

'종이 돌풍'에 대해 설명하면서 플라스틱 이야기도 덧붙였다. "나뭇가지 사이에 낀 봉투도 보게 되죠."

나뭇가지에 걸린 플라스틱 봉투 이미지를 로고로 사용하는 마르세유 사람도 있다. 바로 마르세유에서 테라스를 좋아하는 사람들에게 유명한 수제 양조장의 로고다. 흩날리는 폴리머 봉투로 장식된 그림자 나무가 그려진 병뚜껑이 뇌리에 박혀서, 과연 이 로고가 도시의 일부분을 상징하는 정체성일까 하는 생각이 든다. 환경오염에 대한 낙인을 미적 시각으로 본다는 점에 의문을 느낀 것이다.

어찌 됐든 이는 '물질의 기운'과 '사물의 힘'에 대한 경각심을 보여 준다. 사물은 생명이 없기는커녕 오히려 먼저 인간을 '생각하게 만드는'[1] 영향력을 발휘한다는 것이다. 1999년에 개봉한 샘 멘데스 감독의 영화 〈아메리칸 뷰티〉속 한 장면에 이 개념이 잘 나타나 있다. 리키라는 소년이 이웃집 소녀 제인에게 그가 찍은 비디오를 보여 준다. 비디오에는 인도 위에서 흰 비닐봉투가 낙엽과 섞여 빙글빙글 돌

---

1 나는 여기서 다음 공저에 등장하는 이사벨 스탱거스의 표현을 인용한다. Bruce Braun et Sarah J. Whatmore(dir.), 「*Political Matter. Technoscience, Democracy, and Public Life*」, Minneapolis/Londres, University of Minnesota Press, 2010.

고 있는 장면이 나온다. 감성적인 음악과 함께 사랑의 시작을 확인하는 이 장면에서 낭만적 인물로 그려진 소년은 제인에게 비닐봉투를 '지금까지 찍은 영상 중 제일 아름다운 것'이라고 말하며 '사물 이면에는 생명'이 있다고 강조한다.

리키의 비디오에 담긴 거리의 장면, 그를 이해하는 듯한 제인의 시선, 그리고 우리 눈에 투사된 〈아메리칸 뷰티〉의 장면까지, 사물을 바라보는 시각이 서로 다른 액자 구성을 통해 감독은 세상을 예민하게 보는 방식, 즉 비닐봉투처럼 하찮은 것일지라도 일상적이고 평범하며 사소한 것들에 대한 관심을 전하려고 한다. 이 영화의 예고편에서 반복해 보여 주는 것처럼, 보이는 것을 넘어서 '더 가까이 보는 것'이 중요하다.

바람을 따라 춤을 추는 비닐봉투가 시적인 경각심을 일깨웠음에도 장 피에르 씨는 북풍이 불 때면 가볍고 하얀 스티로폼 뭉치들이 무더기로 빠져나가는 쓰레기통이 별로 자랑스럽지 않은 눈치다. 그는 마르세유시의 쓰레기 수거 문제가 어떻게 '기후 정책'에 통합되었는지 설명했지만, 시의 쓰레기 관리 실패의 '천 가지 원인'을 구체적으로 설명하는 것은 간단해 보이지 않았다.

청소과 직원으로서 비난받는 이 시스템의 한 요소이기도 한 그는 중압감에 짓눌린 듯 보였다. 은퇴를 앞두고 있는 그는 "힘을 모으고 또 모아야 해요. 그렇게 되리라 생각하긴 했는데 결국 아무것도 얻은 것이 없어요. (중략) 어찌 됐든 가난하지만 깨끗한 도시는 본 적이 없어요. 사람들이 불행해지면 그 불행은 보통 지속되죠. (중략) 파벌, 부패, 빈곤은 모두 함께 존재해요. 더러움, 질병도 마찬가지고….".라며 걱정했다.

우리는 비닐봉투와 '종이 돌풍'을 시작으로 도시 생활에 빠질 수 없는 까다롭고 민감한 주제에 귀를 기울였다. 바람에 흩어지는 쓰레기들이 정치 소재가 된 것이다. 이런 거북한 경험은 불편한 감정을 들게 할 수도 있다.

마르세유 거리의 흔한 풍경을 보니 베트남의 쓰레기와 재활용 노동자들을 상대로 2011년부터 2018년 사이에 진행한 지역 조사가 다시금 떠올랐다. 쓰레기통 밖으로 넘치거나 나뭇가지에 걸려 있는 비닐봉투와 같은 버려진 재료와 물건에 관한 보고서 분석에도 다시 활기가 생겼다.

그때, 2014년 봄에 하노이 근처에서 당시 통역사와 함께 만난 베트남 여성 농민이 생각났다. 그는 고무장화를 신고

가득 찬 쓰레기통 옆에 서서 낫 도끼로 주방이나 화장실 쓰레기가 담긴 비닐봉투의 배를 하나하나 가르고 있었다. 그는 보따리에 더러운 폴리머 필름 조각들을 가득 채운 후에야 인근 구매상들에게 그 보따리를 팔았다.

농민임에도 쓰레기 재활용업에 뛰어든 이 여성을 보면 마치 비닐봉투처럼 사람도 다른 곳에 또 다른 인생이 있다는 걸 느낀다. 이 평행선 같은 삶들은 그다지 다르지 않다. 비닐봉투를 회수하는 지역 시장이 있다면 이 재료는 긴 여행을 마치고 베트남 수도 근교에서 재활용될 것이기 때문이다.

나는 주로 베트남 북쪽 지역에 있는 한 마을을 조사했는데, 이곳은 최근 수십 년간 세계 무역으로 발생한 플라스틱 재활용에 특화된 곳이었다. 누 꾸인 지역에 속한 민 카이 마을에서는 컨테이너에 담긴 천 톤 분량의 쓰레기가 매일 해체되고 수공업 공장에서 가공된다. 직업, 지위, 신분을 막론하고 수만 명의 사람이 이 작업에 동원된다.[2]

---

2   여기서 베트남 방송에서 저널리스트들이 언급한 추정치를 인용한다(2018년 5월 8일 자).

집집마다 철창살 문 앞이나 공터에 쓰레기 더미들이 쌓여 있는 이 플라스틱 마을에서 내가 '재활용이라는 신화'라고 부르는 것이 구체화되고 있다. 오래된 아이디어로 유명한 '그 로고(재활용을 뜻하는)'는 산업화 시대의 상징이 될 정도로 대대적으로 채택됐다. 1970년에 폐지를 채운 운송 상자 디자인을 뽑는 미국 컨테이너 조합 주최 공모전에서 미국 엔지니어인 게리 앤더슨이 만든 이 디자인이 선정되었고, 그 후 전 세계로 퍼졌다.

재활용은 인간이 자연 활동을 관찰하고 상호작용하는 과정에서 쭉 논의되어 왔다. 연금술사가 납을 금으로 바꾸려 했던 것처럼 버려진 물건과 재료는 거의 무한대로 가치 있는 물건, 심지어 은화로 가공할 수 있다는 원칙에 기반한다.

이 신화는 물질적인 동시에 사회적이고, 기술적인 동시

에 문화적이다. 사회 속에서 인간관계의 변형만큼이나 재료의 변형에 대한 이야기를 내포하고 있기 때문이다. 따라서 물건을 가치화하는 것은 재료의 수거와 가공에 가담하는 개인들의 가치화와 맥을 같이 한다. 마치 19세기 파리에서 넝마주이들이 쓰레기를 가난에서 벗어나게 해 주는 지원금으로 여겼던 것처럼 말이다.

최근 많은 자원 센터(ressourcerie)와 재활용 센터(recyclerie)(ressourcerie와 recyclerie는 프랑스에서 진행하는 재활용품 수거 사업이다. 활동은 비슷하나 ressourcerie는 'Réseau National des Ressourceries'라는 상표명을 가진 연쇄점이다.—옮긴이주)는 이러한 업무를 다른 정책들과 밀접하게 관련되어 있다. 산업 분야와 대규모 유통 면에서는 문제를 보는 관점이 바뀔지라도, 구매와 소비를 포함한 일상의 작은 행동들—이를테면 재활용된 플라스틱 바구니를 가지고 다니는 것—은 사회 변화의 원동력이 될 수 있다. 재활용을 장려하면 물건의 환골탈태를 넘어서 실제로 도심 거리부터 바다에 이르기까지 인간 삶의 질 개선과 연결된 환경보호를 기대할 수 있고, 이 또한 생태 및 정치 프로젝트에 포함된다.

하지만 이 이상적인 이야기는 베트남에서 플라스틱 재

활용업자들을 상대로 진행한 나의 연구로 인해 산산조각이 났다.

나는 민 카이 마을에서 복잡한 플라스틱 처리 절차 때문에 사람 사이, 기계 사이 그리고 재료 사이의 배치가 엉망이된 것에 주목했다. 세 화살표로 표현한 단순한 재활용 로고로는 이런 복잡한 과정을 알릴 수 없다. 재활용이 지역적으로, 또 세계적으로 실행되지만 생태적 목적과는 거리가 먼탓에 이런 복잡함을 낳는다. 그래서 나의 조사 연구만이 이신화를 시험대에 올릴 수 있다는 생각이 들었다. 물건처럼사람도 제자리를 찾을 수 있는 또 다른 이야기를 하기 위해서 말이다.

멀고도 가까운 이 베트남 마을에서 재료의 여정과 포장재, 비닐봉투 등 물건의 삶에 관한 나의 연구를 토대로 쓴 이글을 통해 이곳과 다른 곳을 연결하고, 인간이든 아니든 우리가 다른 존재들과 멀고도 가까운 관계를 맺고 있다는 것을 보여 주고 싶다. 그래서 일상의 경험에 대해 반향을 일으키고 쓰레기, 재활용 그리고 플라스틱과 우리의 일상적 관계를 살피고자 한다.

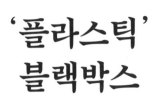

'플라스틱'
블랙박스

보이지 않는다고 해서
사라진 것은 아니다

이틀 후면 내가 탄 비행기가 하노이 공항에서 이륙한다. 그러면 반년을 쏟아부은 나의 묵직한 탄소발자국 보고서도 끝이 난다. 이 보고서에서 언급한 '어디에나 존재하는 땅'을 규정하는 데 후일 포스트모던 인류학자들이 도움을 줄 것이다.

다음 체류까지 현장에 남겨 둘 소지품들을 추리고 짐을 싸면서 현장 수첩에서 재활용 마을인 민 카이와 관련된 가장 중요한 몇 페이지를 사진으로 찍어 웹에 저장했다. 국경 검문소에서 이 소중한 보고서들을 빼앗길 경우에 대비하기 위해서다. 내 자료에는 실제로도 예민한 정보들이 담겨 있다. 그런 만큼 내 어깨는 무거울 수밖에 없다.

몇 주 전 경찰들이 검문을 나왔을 때 느꼈던 베트남 사회주의 공화국의 관료주의에 대한 실망 때문에 걱정이 앞섰다. 경찰은 외국에서 온 연구자들이 무엇을 하는지 감시하고, 대학 내 공산당 사무실의 베트남 동료들에게 내가 지식인으로서 정직함을 갖추고 '체제에 우호'적인지를 물어 확인한다는 것을 경험으로 잘 알고 있었다.

그렇다 보니 쓰레기와 플라스틱에 대한 진실을 찾고자 하는 나의 노력이 이들에게 걱정거리가 될 수 있고, 지지자들마저도 나의 체류가 길어질수록 점점 더 냉담해지고 있다는 것을 느꼈다. '최고인민법원·정부 부처·중앙집권화된 지방 인민 위원회·민중 기관에서 일하기 위해 베트남에 입국하는 사람들을 위한' B1 비자를 받았음에도 이곳에서 나의 연구가 환영받지 못한다는 기분이 들었다.

그런 와중에 기숙사 친구들에게 작별 인사를 하고 사회학과 동료들과 마지막 식사를 하다가 생선 가시가 목에 걸렸고(생선 가시는 지역 병원에서 국소마취 후 제거했다), 이 일은 근본적인 '인류학적 경험'으로 이어졌다. 봄부터 나의 통역을 담당해 준 스노우와 함께 조사했던 '쓰레기 마을' 누 꾸인으로 돌아가 마지막으로 하루를 보낼 수 있게 된 것이다.

5번 국도를 따라 달리던 버스는 하이퐁 항구에 우리를 내려 줬다. 인민위원회가 설치한 환영문을 지나 수로를 잇는 다리를 건넌 후 '라 비' 생수병 공장을 지나서 길까지 걸어 올라갔다. 왼쪽에는 민 카이 마을과 새로운 수공업 지역을, 오른쪽에는 사탑 길과 강, 응오 쑤엔 마을을 둔 분기점 앞에서 갓길에 자리 잡은 한 남자를 보았다.

'철 사고 팝니다.[3]'라고 적힌 간판 아래서 그가 푹 빠져 있는 것은 폐지가 가득 든 종이 상자였다. 구부정하게 땅바닥에 앉은 그의 눈과 손은 마분지를 향해 있었고 무언가 고민하는 듯 보였다. 스노우와 나는 그에게 인사를 건네고 이곳을 거닐고 있는 이유를 설명하면서 대화를 시작했다.

하노이 외곽 지역 출신인 그는 한때 도자기 그릇을 팔았는데, 1년 전부터 이곳에서 일하며 매달 평균 200유로(5~

---

3 베트남어로 'Mua bán sắt vụn'.

6백만 동)를 번다고 했다. 나는 수첩에 '수백 번은 기워 입은 구멍 난 티셔츠'라고 적었다. 우리 세 사람의 시선이 쏠린 그 종이 상자는 아침마다 도착하는 트럭에 실린다. 판자와 철판으로 지은 작은 창고 앞에서 남자는 끈기 있게 값이 나갈 만한 물건을 고른다. 이곳에 이런 물건들을 사고파는 시장이 있다.

오늘은 2014년 7월 3일이고, 이른 아침이다. 날씨는 덥고 습하다. 이 지역에서 길가에 쌓여 있는 쓰레기의 출발점과 도착점에 대한 정보를 수집하는 데 몇 주가 걸렸다. 베트남의 여느 마을과 마찬가지로 철, 종이 상자, 용기, 유리병, 포장지 등 수명을 다한 물건들이 베트남 주택의 특징인 철문 앞에 쌓여 있다.

그러나 이곳에선 철문 앞만이 아니다. 수로를 따라, 강 주변, 공심채 밭, 임시 창고의 철제 지붕 위, 바나나 나무 아래, 건물 앞마당도 쓰레기 천지였다. 홍강 삼각주에 위치한 전형적인 주거 밀집 지역으로 농업, 수공업, 산업 활동이 혼재하는 하노이 외곽 지역에서는 주민들이 모두 수거와 재활용에 매달린다.

나를 사로잡은 또 다른 점은 생소한 쓰레기 더미들이었

다. 베트남 중앙 지역과 남부 지역을 조사했을 때는 한 번도 본 적이 없는 쓰레기였다. 쓰레기 가공에 특화된 민 카이 재활용 마을에 가까워질수록 도로의 갓길과 황무지를 쓰레기가 점령하고 있었다. 가방, 필름, 사용한 플라스틱 포장지뿐만 아니라 회색빛 봉투에서 알록달록한 봉투에 이르기까지 여기저기 쌓여 있는 쓰레기가 어디에서 온 것인지 감조차 잡히지 않았다. 수천 톤의 쓰레기에 짓눌린 공 같은 그 형태에서 그것들이 컨테이너에 실려 긴 바다 여행을 마쳤다는 것을 충분히 알 수 있었다.

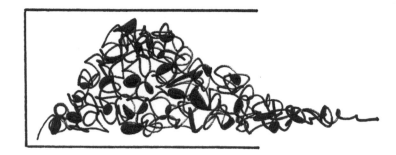

대부분 플라스틱인 쓰레기 산 사이에서 책상다리로 앉은 이 남자의 온 신경을 빼앗은 종이 상자 속을 보고 있자니 눈에 띄는 것이 있었다. 바로 영어였다. 나는 곧바로 그 내용을 이해했다. 나에겐 베트남어보다 영어가 더 친숙하다.

경제학과에 다니는 스노우가 나와 일할 때 쓰는 언어는 영어였다. 스노우는 내 조사에 동행하기로 하고 프리랜서 통역사로 일하기 위해 공부했다. 스노우에게 이 일을 제안했을 때 그는 뛸 듯이 기뻐하며 살고 싶은 나라들의 언어를 기꺼이 연습했다. 이름도 앵글로색슨족 나라의 방식으로 일찌감치 바꿨다. "내 이름은 뚜옛(베트남어로 '눈'이라는 의미-옮긴이주)이에요. 그냥 스노우라고 부르세요!"

챙이 넓은 천 모자에 긴 소매 상의와 달라붙는 바지를 입은 스노우는 햇볕과 먼지를 피해 알록달록한 천 마스크로 얼굴을 가렸다. 하지만 북쪽 농민의 딸로 태어난 이 소녀의 열정적이면서도 단호한 목소리는 마스크를 뚫고 나와 하노이의 삶이 직면한 온갖 오염에 대한 냉담함을 녹였다. 게다가 "나는 경찰이 무섭지 않아요. 쓰레기도 마찬가지고요."라고도 말했다.

스노우와 나는 남자가 매만지는 종이 상자 위로 고개를

숙여 베트남 밖에서 온 종이들의 정체를 살펴봤다. 전기 요금 고지서, 주말에 열린 경기에서 큰 활약을 펼친 럭비 선수를 다룬 스포츠 잡지, 지역 및 국제 신문, 문화 프로그램 광고지, 칵테일 파티 초대장 등이 보였다. 날짜는 모두 1년도 더 지난, 2013년 겨울 끝 무렵이었다.

'아일랜드의 뿌리를 찾아가는 환상의 장소.' 두 페이지에 걸친 잡지 광고에서 발견한 이 문장에서 쓰레기의 여정을 가늠할 수 있었다. 지난해 3월 15일, 더블린에서 열린 전통 켈트 음악 그룹의 콘서트 사진이 실린 맞은편 지면에는 '당신의 과거를 발견하세요.'라며 가계 혈통과 DNA 검사를 해 주는 인터넷 서비스의 광고가 실려 있다.

예기치 못하게 아일랜드에서 온 이 쓰레기를 본 순간 어떤 생각과 어떤 감정을 느꼈는지 좀처럼 기억나지 않는다. 인터뷰를 위해 가져간 수첩에도 딱히 적은 내용이 없다. 저녁마다 하루 동안 있었던 일들을 습관적으로 적고 때로는 감정들을 쓰던 일지에도 그날의 일은 거론되지 않았다. 유럽으로 돌아갈 날이 임박하면서 나의 민족지학적 몰입과 고통이 점점 초연함으로 변해 가는 것을 느꼈다.

그러던 중 발견한 종이 상자 사진 몇 장에 자세한 정보가 담겨 있어 나중에 다시 연구해 볼 참이다. 나는 민 카이 재활용 마을이 속해 있는 누 꾸인 지역의 쓰레기 유통에 대한 넘쳐나는 정보에 질식할 듯했고, 플라스틱 소재의 사회적 삶과 환경적 측면[4]을 재구성하는 데 적합하지 않은 더러운 종이 상자를 보자 이 사실을 어떻게 정리해야 할지 갈피를 잡을 수 없었다.

농민이자 분리수거자인, 노동자이자 재활용업자인, 기업인이자 협상가인 마을 사람들이 하는 말을 먼저 '믿었어야' 했다. 이들은 이미 누 꾸인 지역을 점령하고 민 카이 마을을 바꿔 버린 쓰레기들이 세계 각국에서 온다고 주장하지 않았는가.

갓길에서 만난 인터뷰이도 (국가의 부를 나타내는 특정 지표인) 국가별 GDP 중 상위를 차지한 나라들을 늘어놓으며, "이것들이 바로 당신네 나라에서 왔다는 거지!"라고 언성을 높였다. 그는 나와 대화를 시작한 김에, 플라스틱 필름을 가득 담아 굽은 길 위로 위태롭게 끌고 가던 수레를 옆에 두고는 농담 반, 진담 반으로 내 연구 주제를 '프랑스-베트남

---

4 아르준 아파두라이와 그의 동료들이 고찰한 '사물의 사회적 삶(vie sociale des choses)' 프로젝트에 환경적 차원을 더했다.

재활용 쓰레기 무역'으로 바꾸라고 제안했다. 영어를 구사한다는 것은 쓸모가 많은 능력이라며 스노우에게 조언도 잊지 않았다.

라벨이 거의 붙어 있지 않은 (가장 흔히 쓰이는 플라스틱 소재인) 폴리에틸렌 필름은 그 유래를 쉽게 찾을 수가 없다. 밝거나 짙은 색, 무늬가 없거나 얼룩덜룩한, 반투명 혹은 불투명한 플라스틱 필름들은 많은 이야기를 해 주지 않는다. 하지만 바로 그 점이 종이 상자 속 종이만큼이나 불분명한 그들의 역사를 오히려 명확히 드러내고 있다.

나는 거리 곳곳에 있는 딱딱하고 뒤틀린 플라스틱 골재가 담긴 합성섬유 포대에서 그 단서를 찾았다. '코오롱 플라스틱', '바스프', '페리트', '삼성', '롯데 인피노' 등 플라스틱 시장과 플라스틱 가공 시장에 관련된 서구 및 아시아 대형 그룹의 이름을 발견한 것이다.

문어발식으로 사업을 확장하는 이 기업들은 생산시설을 대부분 해외로 이전해서 그들의 쓰레기 처리 방식처럼 (플라스틱 골재는 아마도 전자제품 쓰레기를 해체하는 센터에서 발생했을 것이다) 이 소재들을 무수히 많은 자회사 중 한 곳에서 '빠져'나가게 만든다. 따라서 폐기물이 완전히 세계화되었다는, 즉 북반구 국가들이 직접적인 관련이 있다는 것은 사실에 가까운 가설로만 남았다. 나에게 구체적인 증거는 없기 때문이다.

증거를 찾기 위해 더 많은 사람을 인터뷰하고 정보원들을 만났지만, 누군가는 나의 주장을 불편해하며 조사에 호의적이지 않았다. 하루는 재활용 마을에 들어서니 일부 사람들이 사나운 개를 데리고 와 우리에게 돌아가라며 협박하기도 했다. 연구 허가를 받을 것을 요구하던 인민위원회에 소환됐을 때, 공무원들은 나의 연구 방법이 매우 예측 불가능하다며 재검토할 것을 권고했다.

사회과학 고유의 경험적 접근법은 이런 뜻밖의 가변성에 대응하는 것을 목표로 한다. 하지만 관료들의 입장에서는 내가 당국에 응답자들의 이름을 미리 신고해야 응답자들을 집계할 수 있으니 불편했을 것이다. 더불어 스노우 같은 학생이 아니라, 체제에 정통하고 대학이 추천하는 공인된 통역사를 고용했어야 했다.

우리 둘은 거리를 거닐면서 되는대로 사람을 만났기 때문에 때로는 환영받지 못했고, 이따금 오토바이를 탄 경찰에게서 "여기는 볼일이 없을 거요!"라는 고함을 듣기도 했다. 더운 날씨에 불쾌지수는 높아졌고, 그때까지만 해도 우리를 반기던 일부 인터뷰이들은 점점 말을 바꾸고 이야기하는 것을 꺼렸다.

이렇듯 지방과 지역 당국이 재활용 마을과 관련된 정보를 통제하려고 했지만, 그럼에도 넘쳐나는 쓰레기와 쏟아져 나오는 발언들을 감당하지는 못했다. 남녀 노동자들, 비판적인 여성 주민들, 혐오감을 느낀 방문자들을 비롯한 모두가 인류학자와 그의 통역사를 만난 기회를 놓치지 않고 말문을 열었다. 일부 주민과 의욕적인 공무원들이 우리에게 반복해서 말했던 것처럼 '국가 안전을 위협'할 수 있음에도, 이들은 예민한 정보들을 긴 여행을 마친 쓰레기 더미들처럼 차곡차곡 쌓아 우리 앞에 묵직하게 꺼내 놓았다.

그런데 이런 사실이 알려진다고 나쁠 것이 무엇인가? 아직 만나지도 않은 사람들을 꼭 숨겨야만 했던 것일까? 일부 주민들은 말하기를 꺼리고 눈을 감아 버렸지만, 다른 주민들은 이를 직시하고 상황이 더욱 분명하게 보이도록 애쓰기까지 했다.

이들은 문과 창살을 열어젖히고 종이 상자와 내용물을 끄집어내 보여 줬다. "우리 집 마당으로 와서 우리가 무엇을

하고 있는지 봐 주세요!"라고 대담하게 말하거나, "몇 분 동안은 안을 살펴볼 수 있어요. 사장이 돌아오기 전까지 잠깐 이야기할 짬도 있고요."라고 조심스럽게 말하며 우리를 맞이했기 때문에 불법으로 들어가는 일은 결코 없었다. 언제나 블랙박스 안을 들여다볼 수 있게 도와주는 누군가가 있었던 것이다.

베트남 농민이 가지고 있던 더러운 종이 상자 안에서 구체적인 증거가 드러났다. 그 안의 사물에는 낱말들이 뒤섞여 있었다. 모든 것이 보였고 들렸다. 심지어 만질 수도 있었다. 해석하는 단계조차 필요 없었다. 그 쓰레기의 '근원'이 백일하에 드러난 것이다.

바로 아일랜드에서 사용한 생활 쓰레기였는데, 잡다하고 이질적이고 더러운 종이와 신문들은 내가 매주 큰 바구니에 담아 모퉁이에 있는 분리수거함으로 가져갔던 그 종이들과 (영어로 쓰였다는 점만 제외하면) 똑 닮아 있었다. 그때까지 일부 출처를 통해 내가 생각했던 것처럼 플라스틱, 종이, 종이 상자 등 항구를 통해 들어오는 것들이 비단 산업 쓰레기만이 아닌 것이다.

컨테이너를 채운 내용물을 분리하는 노동자들 대부분이 악취와 오물에 대해 불평하지만, 공장주들은 재활용할 수 있는 플라스틱 덩어리와 재료들은 쓰레기가 아니라 원료라고 주장했다. 아마도 쟁점을 축소하고 거래를 진지한 무역으로 재평가하며 이미 탄로 난 쓰레기 국제 무역의 비정상적 면에 ISO 등 수천 가지의 인증으로 산업 품질과 표준 보증을 표시해서 문을 다시 봉해 버리는 방법일 것이다.

이 재료들은 중국의 사업가인 마윈이 설립한 알리바바 닷컴에 게시된 폐플라스틱 봉투와 플라스틱 필름의 판매 광고처럼 '깨끗'하지도, '거의 깨끗'하지도 않은 즉, '80퍼센트' 정도만 깨끗한 상태다. 형태를 만들고 압축하고 포장한 뒤, 창고에서 나와서 상품화되고 멀리 유통된다. 그렇게 많은 손과 상자를 거치고, 사용되고 버려졌다.

그중 일부는 재활용 분야 전문가들이 '사용 후(post-use)' 쓰레기라고 부르며 쓰레기통으로 직행하지 않은 더 고결한 쓰레기와는 구분된다. 장소와 시간에 따라 달라지는 분류법을 지켜 분리하는 것 외에도 실제로 쓰레기를 수거할 때 (기업, 행정, 가정 등) 여러 경로가 존재하기 때문에, 이 쓰레기들은 본래 비슷한 운명이었지만 서로 다른 품질의 재료를 만

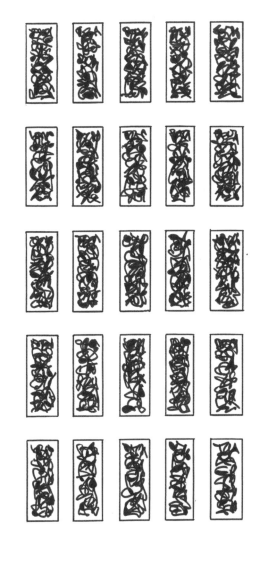

들어 내며 그 운명이 달라진다.

그런데 이 쓰레기들의 공통점이 바로 '쇠퇴'다. 떨어지고 버려진 재료들의 삶은 그 가치를 잃는다는 점이다. 영국 인류학자인 메리 더글라스는 시스템 효과를 통해 위험하지 않더라도[5] 이 재료의 삶에 '불순물'이라는 낙인이 찍혀 있다고 덧붙였을 것이다. 비록 '위험'이라는 표현이 법적, 기술적, 관리적 규범의 관점에서 특수한 일부 물질(핵폐기물 혹은 화학폐기물)에 한해서만 허용되어서 우리와 관련된 물질들은 제외된다 해도 말이다.

어찌 됐든 이 불순물은 질서를 방해한다. 일반적인 질서 속에 설 자리가 없어 물리적, 상징적으로도 오염을 발생시킨다. 즉, 오염은 '불순'과 동의어다. 이는 확실한 '쇠퇴'를 의미하기 때문에 분리, 재조정, 정화 작업은 물론, 세계화 흐름 속에서 폐기물을 '2차 원료'라고 상업적으로 재분류하는 언어적인 조작은 일시적일 뿐이다.

5　오염 문제에 대한 초기 연구에서 폐기물 연구에 널리 인용되고 있는 메리 더글라스는 가치관, 정신, 정치, 도덕의 시스템이 혼합된 질서 속에서만 불순이 존재한다고 봤다. 순수와 비순수 범주로 인해 이 시스템이 조직된다면 두 범주의 경계선을 비정상적으로 오가는 불순은 '제자리를 벗어난 것'으로 볼 수 있지만, 위험한 것으로도 볼 수 있다. 그런데 메리 더글라스의 불어 번역본을 보면 위험이라는 개념은 사라졌다.

조르주 바타유는 저서 『저주의 몫』에서 일반 경제가 생산한 에너지와 재료의 과잉을 정의하면서 인간 사회가 '소모'의 길을 가고 있다고 지적했다. 이렇게 축적된 쓰레기 속에는 실제로 저주의 양상이 있을 수 있다. 어쨌거나 물질적인 측면뿐만 아니라 인간적인 측면에서도 행복과 불행은 역사의 주역들에게 공평하게 분배되지 않는다.

2016년에 베트남 중앙 지역에서 목격한 재활용 쓰레기를 파는 여성의 모습은 나에게 '운명의 수레바퀴'를 떠오르게 했다.[6] 가뜩이나 적은 그의 수입은 변동적인 시장 상황과 원재료 가격에 따라 달라진다. 권력 문제와 밀접하게 관련되어 있는 기회의 불공평과, 누군가는 폐기할 때 다른 사람들은 그것을 처리해야 하는 실상의 불평등은 세계에서 작은 지역에 이르기까지 전방위로 퍼지며 갈등을 낳는다.

이에 더해, 유럽이든 아시아든 더러움과 깨끗함을 관리하는 데 있어 젠더 논리에 근거한 분업이 가정에서까지 이

6　베트남은 크게 세 곳으로 나뉜다. 북쪽 지역(홍강과 그 지류가 가르는 산에서 하노이를 지나 델타 지역까지), 남쪽 지역(메콩 델타 지역과 개발된 호찌민시), 중앙 지역(두 대도시를 잇는 세로로 긴 지역). 상대적으로 인구가 적은 중앙 지역은 (베트남어 *Biển Đông*으로 우리에게는 남중국해로 알려진) 동해에 면해 있고 평야와 고원을 품고 있다. 나는 2011년부터 2018년까지 중앙 지역의 여러 도시에서 연안 지역을 중심으로 조사했다.

루어지고 있다. 잘 지워지지 않는 불결한 오물은 그렇게 사회학자 모니크 헤코가 고안한 표현인 '가사 정신노동'의 한 부분이 되었다.

그는 1980년대 가정에서 부여받은 '완전한 청결(Propre Total)'과 싸우며 집과 일터로 하루 두 번 출근했고, 그 과정에서 허우적대는 주부 노동자들의 '이분된 일상 관리'에 주목했다. 우리는 실제로 한쪽에는 물건을, 다른 쪽에는 쓰레기를 두는 사물의 분리와 노동의 분담이 동시에 일어나는 첫 번째 장소가 가정임을 목격한다.

그래서 이 주제의 분배는 두 가지 의미로 통용된다. 바로 (물질이나 자재라는) 물리적 주제와 관념적 주제다. 이는 분야와 활동 부문, 능력 범위와 분쟁의 대상으로서 세상을 언어적으로 분리한 것이다. 토론할 때, 그 주제가 목적과 같을 경우 그 문제는 매우 정치적이며, '사물의 의회'(프랑스의 인류학자이자 사회학자이자 과학기술학자인 브뤼노 라투르는 행위자-연결망 이론을 창시하며 인간과 비인간(사물)이 융합하는 하이브리드 사회를 강조했다. '사물의 의회'란 주체와 객체, 인간과 비인간을 구분하는 이분법적 사유를 지양하고 모든 존재가 동등하게 행위자로 참여하는 것을 의미한다.—옮긴이주)에서 완전히 자리 잡고 다른 주제와 결합할 것이기 때문에 논쟁의 여지가 있다.

비록 베트남뿐만 아니라 프랑스에서, 그리고 세계적으로도 공적 공간과 사적 공간이 미묘하게 이어져 있지만, 보통 관념 영역으로 축소되는 정치를 다시 구체화해 보면 가정과 국가라는 '두 정부'를 어렵지 않게 대입할 수 있다. 쓰레기의 여정을 기술하고 쓰레기를 다루는 (크고 작은, 혹은 보이거나 보이지 않는) 손들과 이 손이 뛰어넘는 한계를 인지하면, 권력 문제와 사회적 쟁점 그리고 이에 따라 발생할 수 있는 충돌을 알게 된다. 그래서 쓰레기 수거 파업으로 가정 안에서 쓰레기가 눈에 띄게 쌓이고 나서야 쓰레기는 공적인 문제가 된다.

역으로 '원천적 쓰레기 분류'와 '환경을 위한 작은 실천'이라는 법령 속에서 개인의 사생활과 일상에 쓰레기 관리 문제가 정치적으로 끼어들고 있음을 알 수 있다. 세계적으로 불평등한 무역이 이뤄진다는 명백한 사실과 더불어, 아일랜드에서 출발한 더러운 종이 상자를 분리하는 베트남 농민의 두 손을 통해 드러난 것은 바로 정치적 문제다.

베트남 당국은 재료나 쓰레기와 맺은 이러한 관계에 정

치적 의미를 부여하면서도, 다른 쪽으로는 쓰레기 더미의
시작과 끝에 관한 나의 연구 같은 조사로 인해 국가의 안전
이 위협받을 수 있음을 인식했다. 나는 지금 권위주의적 사
회주의 체제 또는 공식 담론이 이상화된 사회(베트남은 국경
없는 기자회가 발표한 2020 언론 자유 지수에서 180개 국가 중
175위를 차지했다) 안에 있다.

이러한 맥락에서 약간의 비판도 공론화하지 못하는 현
실의 억압된 측면을 언급하는 것만으로도 '표현하는 것을
존재하게 만드는 창조적 발언[7]'이 된다. 이와 마찬가지로
관찰한다는 것은 나타낸다는 것과 동의어이므로 본다는 것
은 곧 눈에 띈다는 것이다. 베트남의 지역 혹은 국가기관들
이 '엉클 호(Oncle Hô)' 나라의 '좋은 이미지'를 고수하려는
사이에 모든 대안적 시각과 공공연한 대립, 그에 따라 감춰
진 저항적 시각들은 위험한 것으로 간주되고 있다.

또한 모든 것이 '정상'이고 '문제가 없다'며 현실에 대
한 논의를 무력화시키는 것이 베트남에서는 일상적인 일이
어서, 연구를 위한 인터뷰에서 대부분의 사람들은 긍정적이

---

7 나는 여기서 언어의 사회적 기능에 대한 철학서에 등장하는 피에르 부르디외를 인
   용한다.

고 단답형으로 대답한다.[8] 민 카이 마을과 누 꾸인 지역에도 비판의 소리는 분명 존재하지만, 발언과 발언이 퍼져나가는 것에 대한 중압감 때문에 쓰레기 축적 문제는 감춰지고 결국 아무 소리도 들을 수 없다.

그런데 이러한 은폐, 즉 블랙박스가 만들어진 것이 단순히 식민지 해방전쟁이나 독립 전쟁의 고통과 폭력 속에서 구성된 공산주의 정부의 결과물만은 아니라는 사실을 염두에 두어야 한다. 유감스럽게도 치명적인 분쟁들이 발생한 베트남의 악명 높은 역사가 오랫동안 퇴적물처럼 쌓였고, 여기에 밀물과 썰물처럼 작용하는 전 세계의 체제들이 쓰레기의 은폐와 해외 이전이라는 쓰레기 관리의 문제를 낳은 것이다.

그중 가장 유명한 역사가 '미국' 전쟁이다(여기서 나는 베트남 사람들의 표현을 차용한다). 이 전쟁은 '사이공의 몰락'과 미국이 대대적인 남쪽 지역 지원을 종결한 시점인 1955년부터 1975년 사이에 일어났다. 1976년 7월 2일에야 베트남

---

8 사회과학 연구 실행에 대한 이 독재 체제의 영향력을 상세히 분석한 예시가 있다. 스테파니 스콧, 피오나 밀러, 케이트 로이드의 「베트남의 지형 개발, 문화 연구 및 공간 연구에 대해 현장조사」와 미카엘라 르 뫼르의 「베트남에서의 양측 협동 프로그램 중 금지와 암묵에 대한 조사: 사고에 대한 사실발견법」.

의 남북은 베트남사회주의공화국이라는 이름으로 통일됐다.

1960년대 중반, 가장 첨예한 국면을 맞은 이 기나긴 전쟁 중에 다른 열강과의 식민지 전쟁과 이념 전쟁까지 연이어 발생했다. 인도차이나반도를 향한 프랑스의 식민 지배와 2차 세계 대전 속 일본 제국주의, 그 후에는 캄보디아의 크메르 루즈와 중화인민공화국이 바로 그 열강들이다.

지구의 반대편에서 경제학자 장 푸라스티에가 2차 세계 대전 종전부터 1975년까지의 시기를 '영광의 30년'으로—향수를 불러일으키지만 1979년 이후 자리 잡지는 못한 표현—명명하는 동안 베트남은 끝없는 전쟁을 겪고 있었다.

세계 무대를 장악한 강대국들의 경제에 활력을 불어넣은 무력 충돌에는 잔인한 아이러니가 있다. 베트남에서 벌어진 미국 전쟁이 독특한 보급 방식을 낳았다는 점이다. 바로 컨테이너 수송이다.

1968년에 54만 명의 미국인이 베트남 현지에 참전한 전쟁이 장기화되면서, 특히나 공산주의 적들과 교착상태에 빠져 있던 미국 정부에게는 물류가 큰 문젯거리였다. 그러던 차에 선박을 이용한 해상 운송과 트럭과 기차를 이용한 육지 운송의 특징이 적절히 조화된 컨테이너 수송이 시스템화 된 것이다.

　1970년대에 접어들면서 여러 면에서 호전적인 이 지역이 해방되기 전, 베트남의 항구가 정비되지 않은 탓에 미국은 군사 보급과 식량, 지포 라이터, 츄잉 껌 등 소집병들의 여러 필수품[9]을 하역할 수 없는 어려움에 봉착해 있었다. 컨테이너를 발명한 말콤 퍼셀 맥클린은 성공한 미국 사업가로, 화물 운송으로 큰 부를 축적했고 베트남 전쟁에 심취한 사람이었다. 그는 펜타곤을 상대로 대대적인 로비를 벌이면서 군사 보급 작전을 지휘한 4성 장군인 프랭크 베송을 설득시켜 1967년, 깜라인만에 물류 플랫폼을 건설했다. 나트랑 인근에 위치한 깜라인만은 오늘날 베트남 남쪽 지역 여행자들의 목적지이기도 하다.

　'이 상자(컨테이너)'를 군사적으로 채택하면서 국제 경

---

9 2차 세계 대전부터 미국 병사들의 하루치 식량에 츄잉 껌이 포함됐다. 1944년에 퇴역한 미국 병사가 노르망디에 최초의 프랜차이즈 껌 생산 회사인 헐리우드를 설립했다. 멕시코에서 처음 개발된 츄잉 껌은 유카탄 지역의 나무 수액을 이용해 치클 반죽으로 만들었는데 훗날에는 먹을 수 있는 합성 고무로 만들었다. 식물에서 생산된 제품이 합성 플라스틱으로 대체된 이러한 예시는 마이클 레드클리프트의 책 (『Chewing gum, The Fortunes of Taste』, New York/Londres, Routledge, 2004.)에 소개되었다.

제에서 '컨테이너 수송'이 시작된 것이다. 민 카이 재활용 마을에 도착한 쓰레기 컨테이너가 미국에 뿌리를 내린 시기는 바로 제국주의 전쟁이 한창이던 때였다.

공산주의의 '견제' 정책과 밀접하게 관련된 해상 컨테이너 수송이 1960~1970년대부터 급등하면서 화물 유통이 가속화되었다. 세계적인 투자가 가능해지면서 자본 유동성도 증가했다. 해상 컨테이너 수송의 완벽한 국제화를 불러온 '중국의 물결(vague chinoise)'을 통해 국제 무역의 컨테이너 수송은 1990년대와 2000년대에 아시아 지역으로 퍼져 나갔다.

탈공업화된 유럽에서는 해외 이전에 대한 논의가 시작되었고, 생산 활동과 상업 활동이 북반구의 열강에서 남반구의 용들로 옮겨지는 듯했다. 컨테이너 물동량을 측정하는 로이즈 리스트에 따르면, 오늘날 아시아 지역의 항구가 국제 순위에서 상위를 차지하고 있다. 2020년, (중국의 7개 항구를 포함하여) 9위까지 아시아 항구가 차지했고 유럽에서 1위인 로테르담은 전체 10위, 그리고 두바이가 그 뒤를 따랐다.

한편 베트남은 싱가포르, 홍콩, 일본을 잇는 주요 해상 수송로에 자리 잡고 있어서 베트남 정부는 국내 여러 항구에 컨테이너를 수용하기 위한 기반 시설을 건설하는 것에 대대적으로 투자했지만, 아직 모든 시설이 완벽하게 가동되는 것은 아니다.

그럼에도 2000년대에 접어들면서 베트남의 해상무역은 성장세가 두드러졌다. 21세기 초반 10년 동안 매년 15~20퍼센트씩 성장했고, 그다음 10년 동안에도 연간 10퍼센트의 성장세를 안정적으로 유지했다. 현재 베트남에는 세 곳에 항구가 있는데 로이즈 리스트의 상위 50위에 모두 포함된다. 남쪽 지역의 호찌민시가 2020년에 25위를, 북쪽 지역의 하이퐁과 메콩 델타 지역에 있는 까이멥이 그 뒤를 따랐다. 이 항구들은 69위에 그친 프랑스의 제1항구 르아브르도 제쳤다.

이러한 '베트남 경제의 해상 수송화'는 '도이머이(새로운 것으로 바꾸다)' 정책에 직접적인 영향을 미쳤다. 1986년에 공표된 이 정책으로 정부는 마르크시즘을 포기하지 않으면서도 냉전이 끝난 시점부터 시장 경제를 발전시킬 수 있었다. 1990년대부터 시작된 교류의 자유화는 1994년에 베트남에 대한 미국의 엠바고가 끝나면서 속도가 붙었다.

그래서 맥클린이 개발한 상자는 점진적으로 군사 부문에서 민간 부문으로 옮겨졌고, 육로와 해로를 잇는 물류 체인을 지탱하면서 베트남이 자유 무역으로 진입한 것의 상징이 되었다.

이러한 해상 교류는 화물선 가용 공간의 최적화에 바탕을 두기 때문에 어떤 컨테이너도 빈 채로 운반될 수 없다고는 하지만, 수송 회사가 보증하는 것에는 용적량뿐만 아니라 상품의 가치도 포함된다. 이 상자들은 서로 완전히 똑같아 보이지만 출발지와 도착지에 따라서 서로 다른 것들이 실려 있다.

예를 들어 보자면, 총무게가 220,940.23톤에 이르는 큰 컨테이너선으로 파나마-독일-대만을 잇는 에버기븐호가 2021년 3월 23일 수에즈 운하에 좌초됐을 때 배 안에는 무엇이 실려 있었을까? 말레이시아와 로테르담을 잇는 해로

를 따르던 이 컨테이너선은 헝가리 항구에서 무엇을 실었고, 다음 목적지는 어디였을까?

일본에서 건조한 이 거대한 컨테이너선이 운송한 20,388TEU 중에는 재활용이 될 폐기물들이 실렸을 공산이 크다. 그러나 북반구 국가로 폐기물을 수출한 것은 베트남이 아니다. 베트남제 폐기물은 반대로 고상한 물건들(프레타포르테, 상품, 가정용품 등)과 관련이 있다.

2020년에 유럽 연합은 27,490,340톤의 쓰레기를 수출했다. 2004년 이후로 두 배나 증가한 양인데, 주로 플라스틱, 종이, 종이 상자, 금속 등이다. 우리가 버린 쓰레기가 해상 수송으로 두 배나 더 먼 곳으로 이동하면서, 그 존재와 그에 따른 문제들도 멀어졌다.

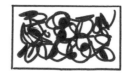

그러나 일상적으로 소비하면서 버린 재료들이 우리 눈에서 멀리 치워진다하더라도 누구인 지역에서는 더 잘 보이게 된다는 점은 변함이 없다. 먼 곳에서 화물선에 실려 하이퐁 항구에 도착한 쓰레기 컨테이너들은 이곳에 매일 하역되어, 쓰레기 더미 위에 중산층 집들이 들어서는 민 카이 마을에서 해체되고 분리되어 팔리고 재활용된다.

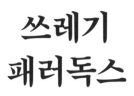

쓰레기
패러독스

다시 태어났는데
또 쓰레기?

우리는 덥고 습한 봄 날씨가 한창인 베트남 북쪽에 있다. 하늘은 우중충하고 먹구름이 끼었다. 하노이 인근 도로를 달리는 차에서 발생하는 오염에, 농민들이 두 번째 논 수확기전에 태우는 볏짚에서 나오는 매연까지 더해져 하늘이 더욱흐리다. 기온은 35도이고, 스노우와 나는 몇 주 후 아일랜드산 종이 상자를 발견하게 될 그 도로를 걷고 있다. 우리는 분기점에서 왼쪽으로 방향을 틀고 민 카이 마을로 향했다.

보통 '민 카이 하이(제2의 민 카이)'라 불리는, 2000년대 말에 조성된 새로운 수공업 지역의 맞은편 공터 가장자리에 플라스틱 필름 보따리들이 산을 이루어 높이 쌓여 있다. 일부에는 그들이 거쳐 온 컨테이너 여행의 흔적이 역력하다. 테두리를 봉해 만든 정육면체가 형태를 유지하고 있었고 색깔과 재료도 똑같았다. 몇 주 전부터 야외에서 악천후를 그대로 견디면서 해체되기를 기다리는 보따리들이 눈에 띄었다. 그 옆에는 고철들이 천천히 녹슬고 있었다. 무엇이 모아둔 것이고 무엇이 버리는 것인지 분간하기 어려웠다.

　　방치된 이 공터로부터 몇 미터 떨어진 곳에서 우리는 파란 셔츠를 입은 한 무리의 여성들을 만났다. 모두 거대한 플라스틱 더미 앞에 웅크린 채 서서 파란색, 녹색, 갈색, 회색, 검은색 그리고 일부는 흰색인 봉투와 필름의 더러운 부분을 분리하고 있었다. 배를 가른 이 폴리머 보따리에 내리쬐는 햇볕으로부터 머리와 얼굴을 보호하기 위해 많은 베트남 여성들이 시골 생활과 밭일을 할 때 주로 쓰는, 라타니아잎으로 만든 고깔모자 논라를 쓰고 있었다.

　　이들은 비교적 나이가 들어 보였다. 우리는 이야기를 나누기 위해 다가갔다. 쓰레기 더미에서 나는 시큼한 악취가 코끝을 자극했다. 우리는 으레 하는 말들을 몇 마디 나눴다. 프랑스에서 왔고 재활용에 대한 박사 연구 중이라고 나를 소개했다. 스노우는 우리가 플라스틱 가공과 관련된 직업에 관심이 많아서 이 마을을 다니며 어떻게 진행되는지 파악하는 중이라고 덧붙였다.

그러나 긴 설명에 비해 분위기는 우호적이지 않았다. 그들은 끊임없이 허리를 굽혔다 펴기를 반복해야 하는 작업으로 고통스러워했다. 일용직으로 이들을 채용한 사업가는 10시간 동안 더러운 플라스틱을 해체하고 분류해 다시 포장하는 업무를 줬다. 회사는 파란 셔츠와 주방용 라텍스 장갑을 제공하면서 하루 일당으로 10만 동(약 3유로)을 지급한다.

사진 촬영을 허락받았지만 한 여성이 카메라 렌즈를 날카로운 눈으로 응시하면서 큰소리로 물었다. "프랑스에도 이런 일이 있나?" "아뇨, 없는 것 같아요." "그럼 날 좀 프랑스로 데려가."

플라스틱을 사이에 두고 나눈 이 세 문장은 해독할 만한 가치가 있다. 우선 베트남에서는 사회 전체에 투영된 거대한 친족 관계 안에서 상대방의 위치에 나를 비교하면서 호

60

칭한다는 것에 주목할 필요가 있다. 그래서 호찌민은 '엉클 호(Bác Hồ, 당숙)'라는 별명이 있다. 이는 독립운동 지도자가 고령인 데서 비롯된 경칭으로, 비록 후계자들에 의해 권력에서 밀려나는 최후를 맞이했지만 그의 사후 인격과 이미지는 공산주의 국가가 만들어냈다. 이런 호칭은 모든 베트남 사람들을 조카 또는 조카딸로 만든다. 즉, 거대한 가족으로 국가를 이루는 것이다.

20대 초반인 스노우와 20대 후반인 내가 만난, 쓰레기 더미에서 일하고 있는 여성들은 50~70세 정도였다. 이들은 우리네 어머니 혹은 할머니를 대표하고 있고, 이 말인 즉 그들은 자식뻘인 젊은 여성들에게 불평한 것이다. 우리네 이모들(cô)은 긴 대화를 원하기보다는 우리가 만난 그 예민한 상황에서 공감 어린 경청과 어른에 대한 공경을 기대했을 것이다. 상호의존적 위치는 바뀌었다. 우리가 이 연장자들을 보살펴야 했던 것이다.

날카로운 눈빛의 분류 노동자가 함께 쓰레기 산에서 벗어나자고 요청했을 때, 나는 베트남의 다른 지역에서 대화했던 농민들의 말이 떠올랐다. 이 집 저 집에서 또는 쓰레기장에서 재활용할 수 있는 쓰레기를 수거하던 여성 농민들이었다. 오랜 기간 가난한 이미지가 굳어진 나라에서 농업 수확을 떠받치며 소득을 보충해 주는 이 '도심 수확'은 거의 여성들이 독점하고 있다.

이와 비슷한 다른 여성도 생각났다. 그 역시 자전거를 탄 넝마주이에서 벗어나 마치 '엄마와 딸'처럼 나와 함께 프랑스로 떠나고 싶어 했다. 독립 전쟁 동안 미군 기지로 쓰였다가 선적항이 된 중앙 지역의 평화로운 해안 마을 뀌 논 근교에서 수거 노동자들을 만났을 때였다. 그중 한 여성 농민이 나와 베트남대학교 지리학자인 동료들 앞에서 도망치고자 하는 위험한 열망을 내비쳤다. "우리도 베트남이 좋아요. 하지만⋯." 다른 여성은 양녀와 함께 돌아오지 않는 여행을 상상하며 끊임없이 웃었다.

이러한 우상 파괴적인 대화 속에는 답답한 마음에 약간의 유머가 섞여 있었지만, 나는 민 카이 마을의 플라스틱 더미에서 일하는 여성들과 나눈 대화에서 은연중에 깔린 그 모순적 유머의 뜻을 간파하지 못했다. 그들에게는 일상의 편안한 미소가 없었다. 무언가가 무력화시킨 것이다. 어쩌면 검열된 것일까?

베트남사회주의공화국의 미소라고 하면, 반체제 인사

의 아들인 프랑스계 베트남인 아티스트 쩐 쭝 부의 작품이 떠오른다. 음산한 가면처럼 투명한 플라스틱 캔버스에 웃는 낯을 잔뜩 그린 작품이다. 하노이에서 만난 그는 "우리는 말하지 못해요. 그러니 웃을 수밖에요."라고 말했다.

여기 쓰레기 산 위에서도 우리는 많은 이야기를 나눌 수 없고 더 이상 웃을 수도 없다. 장벽이 무너지고 겉치레도 무너졌다. 이 주제에 관한 환상은 이제 없다.

모든 재활용 과정에서 수작업은 필수적이다. 쓰레기 더미를 분류하는 작업은 여러모로 고되다. 컨테이너에 실려 오는, 또는 트럭들이 누 꾸인 지역의 공터에 내려놓는 짐들은 수 톤 정도로 퍽 무게가 나간다. 이 짐들을 승합차로 운송하려면 그 자리에서 해체해 다시 작은 짐으로 만들어야 한다.

민 카이 마을의 재활용 공장은 시설이 미비하고 저장과 운송, 생산수단 또한 대부분 중국 중고 시장에서 갖고 온 것들이라 초보적인 수준이다. 플라스틱 노동자들이 바삐 움직이는 거리에서 낡은 트럭이나 요란한 소리를 내는 3륜 오토바이는 가장 흔하게 볼 수 있는 차량이다. 화물용 승강기나 팰릿 수동 지게차조차 없어서 오로지 팔심으로 짐을 싣는다. 쓰레기 더미 위에서 큰 짐을 보통 20킬로그램 정도의 작은 짐으로 나눠야 회사 앞마당으로 보낼 수 있다. 그렇다 보니 미처 창고로 가기도 전에 플라스틱 재료들은 도로의 갓길을 점령하고 곧 그 형태를 잃어 구별할 수 없는 상태가 되어 버린다.

그리고 이런 혼란을 정리하는 것은 노동자의 몫이다. 이 혐오스러운 물질들은 유해하다고 여겨지는 떠돌이 개, 설치류 또는 바퀴벌레 등이 돌아다니는 컨테이너 안에서 뙤약볕과 창고의 습기 속에 발효된다. 몽펠리에의 하수도 청소부들을 조사했던 민족학자 아녜스 장장의 표현을 인용하면, 이 보람 없는 작업에는 '과도한 상징 부여(forte charge symbolique)'가 되어 있다.

이 작업은 전신을 사용해 운반하고 살갗뿐만 아니라 뱃속까지 강렬한 자극을 줘서 속을 불편하게 만드는, 엄밀히 말해 육체노동 그 자체다. 계속 일하기 위해, 그리고 나 역시 조사를 진행하기 위해서는 이 역겨움에 익숙해져야 한다.

플라스틱 보따리가 분류되고 다시 작은 짐으로 나뉘면 폴리에틸렌 필름 조각들은 재활용되기 위해 민 카이 공장으로 향한다. 노동자들은 쓰레기 더미에서 온 짐들을 땅에 굴

리며 회사 차량(끌차나 소형 트럭과 더불어 3륜 오토바이나 승합차)까지 가져간다. 그러면 대부분 남성인 다른 노동자들이 사업가 혹은 그의 아내로 보이는 경리 담당 앞에서 화물의 무게를 잰 후 짐을 싣는다.

민 카이 마을에서 그러하듯, 플라스틱 재활용은 많은 경우 가족 사업 혹은 전통 가계 사업이다. 그래서 회사 안에 선조들의 제단을 마련해 향을 피우고 성공을 기원한다. 하지만 멀찌감치 떨어진 곳에서 출근하는 노동자들을 다수 고용하기도 하는데, 그들의 업무 자리는 지위나 젠더에 따른 계층을 기준으로 배정된다.

작업장으로 개조한 주택과 붙어 있는, 철창살과 방수포로 만든 창고 안에서 정리 담당 노동자가 막 도착한 보따리를 바닥에서 해체하고 다시 분류한다. 이 일용직 노동자들은 책상다리를 하고 앉아서 보호 장비도 없이 지저분한 재료를 만지고 다룬다. 개중에는 매일 2시간을 자전거로 오가며 일하는 이도 있다.

플라스틱 가공의 시작인 분쇄기 입구에 플라스틱을 손으로 집어넣는 사람들 또한 이 산업의 프롤레타리아다. 폴리에틸렌 필름을 잘근잘근 씹어 뱉는 금속 주둥이는 공장

밖(혹은 창고)과 안의 경계 역할을 한다. 정확히 말하자면 재활용 라인이 공장 안에 펼쳐져 있는 모양새다.

직원들이 쉬는 날, 공장의 구내식당 운영을 중단할 때는 라인의 선두를 여성이 차지하기도 한다. 휴일인 일요일에 영어과 대학생인 딸과 함께 일하는 여성을 본 적도 있다. 그들은 수성 펜으로 'đẹp(양호)'이라고 쓰인 희끄무레한 플라스틱 필름 보따리들을 받는다. 직원들이 없어도 주말에 공장이 돌아가야 한다는 아버지의 결정에 따라 가족 모두가 알아서 일해야 하는 것이다!

이제 집 앞마당으로 가 보자. 바로 옆에 작은 창고가 딸린 집도 있다. 이곳에서 분쇄된 플라스틱 쓰레기들은 융해 지점에 도달하게 된다. 하지만 그 전에 이 쓰레기들이 '양호'한 상태가 아니라면 세척, 즉 묵은 때를 벗겨야 한다.

먼지, 잔여물, 흙과 같은 불순물을 최대한 제거하기 위해 수조에 담근다. 분쇄기 뒤에 있는 콘크리트 수조는 거무튀튀한 물로 가득 차 있고 수면 위로 플라스틱 필름 조각들이 둥둥 떠다닌다. 두 동력 벨트가 나란히 작동하면 벨트와 이어진 축에 고정된 금속 팔이 물속에서 플라스틱을 찾아 라인을 따라 물기를 제거하는 작업대로 올려 보낸다.

그곳에는 여성 노동자나 젊은 남성 노동자가 있다. 높이 있는 배수 망 위에서 일해야 하는 고된 자리에서 나는 '소수 민족'이 사는 산에서 온 한 청소년을 만났다. 이 아이는 벼 농사 지역을 차지한 다수 민족 '낑(Kinh)'이 불신하고 멸시하는 약자에 속한다. 이곳에서는 내면의 다양성을 가진 베트남의 모습은 온데간데없고 유산과 정체성을 부여받는 방식 또한 파괴된다. 하지만 인근 임시 건물이나 가족 회사가 제공하는 숙소에서 지내는 많은 젊은 이주자들이 재활용 사업의 일부분을 지탱하고 있음을 잊지 말아야 할 것이다.

작업대에서 일하는 직원은 맨발에 고무장화를 신은 채 큰 갈퀴를 손에 쥐고 분쇄 후 세척된 축축한 플라스틱을 한 가득 건져 올려서 사출기 입구로 밀어 넣는다. 사출기는 플라스틱 가공에서 중요한 기계로, 무탈하게 가동되면 약 100도에서 열가소성 폴리머를 섞어 녹인다. 대부분 저밀도 및 고밀도 폴리에틸렌이고 드물게는 폴리프로필렌이나 폴리에틸렌 테레프타레이트가 포함되어 있다. 이 사출기들은 녹슬고 때가 잔뜩 낀 데다가, 땅에 제대로 고정되어 있지도 않다.

나는 어둡고 긴 복도에 설치된 재활용 라인을 휴대전화

로 촬영했다. 사출기까지 가서 플라스틱 가공을 관찰하려면 폭 1미터 정도 되는 비좁은 통로를 요리조리 들어가야 한다. 거품이 이는 더러운 물이 담긴 세척 수조까지 가려면 분쇄기를 지나가야 하는데, 톱니바퀴가 아무런 안전장치도 없이 머리 높이에서 전속력으로 돌아가고 있다. 40~50제곱미터 정도 되는 임시 창고의 안쪽에는 한 남자가 질식할 것 같은 열기로 가득 찬, 거의 빛도 들지 않는 환경에서 일하고 있다.

작업장의 책임자도 엔진 주변의 작업 흐름과 작업 라인의 순서가 생산 효율과 노동자의 안전에 있어 기계의 품질만큼, 혹은 그 이상으로 중요하다는 것을 알고 있었다. 하지만 재활용 작업장에서 사출기를 작동시키고 중지와 가동을 확인하는 기계공 역시 그 자신, 단 한 명이다. 이들은 이런 방식으로 생산을 조율하는 것이다.

정확하게 말하자면, 재료 용해는 중요한 업무여서 일용직이 아닌 가족 회사에서 직접 고용한 직원들을 배치한다. 여기서 대부분이 남성이라는 점이 중요하다. 자신의 업무를 직원에게 맡길 여유가 없을 때 회사의 사장이 직접 전체 라인을 진두지휘한다.

사출기가 플라스틱 조각들을 녹이면 스크루의 내부 압

력을 통과한 걸쭉한 용암 같은 것이 기계 주둥이에서 천천히 나와서 금속 골판에 떨어진다. 공기와 접촉하면 식어 버리는 이 폴리머 반죽의 색이나 외형은 재활용 라인에 들어가기 전, 폐플라스틱의 질에 따라 달라진다. 색깔은 민트색부터 밤색, 회색, 검은색까지 다양하다.

환기가 안 돼서 이미 후텁지근하고 공기도 탁한 작업장에서 사출기는 가스 기포를 내뿜으며 덩어리지고 김이 나는 걸쭉한 용암을 내보낸다. 노동자들은 매일같이 이런 공기를 마시는 것이다.

아시아에서 전염병이 창궐했던 2000년대 이후로 사람들은 보이지 않는 유해물이 존재할 때 의료용 마스크나 천마스크를 착용하는 것에 익숙하다. 하지만 비말로 전파되는 바이러스를 제외하면 이런 보호 장비는 대단한 효과가 없을 뿐더러, 부패하거나 녹은 플라스틱에서 발생하는 가스나 기타 유독한 증기가 유발하는 실질적 위험에 대처하기에는 불충분하다.

한 손에는 거대한 절단 가위를 쥐고 다른 손은 금속 뒤집개로 무장한 기계공은 사출기 관에서 바닥에 둔 판으로 떨어지는 녹은 재료들을 거둔다. 이런 일을 하는데도 그는

마스크조차 쓰지 않는다. 때로는 상의를 벗은 채로 아직 물렁물렁한 재료를 필터가 달린 사출기에 다시 넣는다. 기계가 스파게티 면처럼 플라스틱 밧줄을 여러 갈래로 내보내면 물에 넣어 식힌 후 마지막 기계인 절단기에 정렬한다.

사출을 담당하는 남성들 중에는 정전으로 가동이 멈춘 창고에서 만났던 30대 남성도 있다. 하루는 허락을 받고 그의 수제 귀걸이를 카메라로 찍었다. 수조에서 주운 동그란 플라스틱으로 만든 귀걸이였다. 그의 왼쪽 귓불은 추출이 만들어낸 그 보석을 자랑스레 드러낸다. 언젠가 자신만의 재활용 라인을 소유하는 게 꿈인 그에게 플라스틱 용해는 자신의 삶도 함께 융화되는 것이고, 이 말은 곧 쓰레기가 보물로 변하는 것을 뜻한다. 마치 모든 연금술사의 꿈처럼 말이다.

민 카이 마을에 있는 수공업 공장들의 재활용 라인을 한 단계 한 단계 훑으면 물질 부스러기는 광석으로 변한다. 인간과 기계의 힘이 작용한 여러 작업 단계를 거쳐 처음의 형태를 잃는다.

큰 보따리가 작은 보따리가 되고, 필름이 조각이 되며, 조각은 냉온탕을 지나 세척된 후 녹아서 떨어지고 섞인 다음, 용암이 되어 사출기를 밧줄처럼 빠져나가서 알갱이가 된다. 마치 산이 수많은 모래알로 침식되는 것처럼 고체와 액체 사이의 불분명한 이 재료의 성질은 향후 생산에 반드시 필요한 부분이다. '형태가 없어야 다시 형태를 만들 수 있기' 때문이다.

그렇다고 이런 변형이 소멸을 의미하는 것은 아니다. 이는 우리에게 관찰의 척도를 바꾸고 물질과 함께 지하세계로 뛰어들 것을 권한다. 이 세계에는 보고, 맛보고, 느끼고, 들을 줄 아는 사람들에게 특화된 형태와 색, 특성이 여전히 존재한다. 이는 날카로운 감각을 개발하는 것이다.

재활용 플라스틱 알갱이를 구매하기 위해 검은색 세단을 타고 민 카이에 도착한 도매상인들은 고품질과 저품질의 광석을 구분할 줄 안다. 그들 중 한 명을 카페에서 만났다. 그는 우리에게 몇 가지 요령을 보여 줬다. 우선 플라스틱 알갱이의 '종자'를 빛에 반사시켜 여러 각도에서 살핀다. 확대경도 동원된다. 이 보물은 불꽃에 반응한다. 냄새를 맡으면 물질의 구성도 알 수 있다. 최종 실험은 치아로 씹어 보는 것이다. 도매상인은 재료가 하는 말에 대해서, 그리고 찾아야 할 것에 대해 잘 알고 있다. 물건은 제 주인을 찾았고, 가던 길을 계속 나아간다.

어느 날, 스노우와 나는 강 근처에 있는 누 꾸인 지역의 한 도로에서 어떤 남자를 만났다. 그는 간이 진열대를 설치하고 대야, 거름망 그리고 유색 플라스틱 소재의 생활용품들을 팔고 있었다. 우리는 그에게 이 물건들이 바로 옆 마을인 민 카이에서 만든 것인지 물어봤다. "당연히 아니죠! 내가 파는 물건들은 품질이 좋다고요!" 그는 화를 내며 대답했다.

그 반응을 보자 '재활용 플라스틱으로 만들었다'는 사실이 판매에 도움이 되지 않는다는 것을 알게 됐다. 주변 재활용 공장의 명성 때문에 지역 소비자들은 플라스틱 물건을 살 때 오히려 대량 유통이나 재판매 과정의 청결함을 고집한다.

그래서 민 카이에 있는 가족 회사의 라인에서 온 광석은 극도로 제한된 판로를 갖는다. 대부분이 사출이나 팽창 과정을 통해 다시 플라스틱 봉투를 만드는 데 쓰인다. 그렇게 더러운 봉투가 깨끗한 봉지로 바뀌면서 돌고 돌아서 다시 원점인 것이다.

세척-재활용 공장에 있던 것보다는 깨끗하지만 대부분 중고인 사출기가 다양한 색깔의 알갱이 혼합물을 먹어 치우고, 형태가 재생된 광석을 녹이면 봉투가 탄생한다.

사출기 주둥이에서 아직 뜨거운 관 형태의 플라스틱 필름이 나오면 풍선처럼 부풀면서 상온에서 서서히 식는다. 몇 번의 이런 과정을 거쳐 평평하게 만든 다음 두루마리처럼 만다. 두 겹으로 된 필름 두루마리는 포장 산업 분야에서 주로 사용하는 기계의 무빙워크에 배치되어 접히고 접합되고 잘린 후에 폴리머 자루로 탄생한다. 누 꾸인 지역에 있는 창고 대부분이 재활용된 플라스틱으로 만든 봉투 생산에 쓰인다.

노동자들은 주야로 교대하면서 자주 고장 나고 생산에 결함이 생기는 중고 기계의 시끄러운 기계음을 조절한다. 나는 이들이 맨손으로 금속 압축기에서 재활용된 봉투의 손잡이를 자르고 유색 플라스틱 띠로 묶거나 투명한 봉투에 넣어 포장하는 것을 지켜봤다.

컨테이너에 실려 먼 길을 온 폴리머 쓰레기를 받기 위해 국경 문이 활짝 열렸다지만 여행객의 짐에 우연히 섞여 떠나지 않는 한, 민 카이에서 재활용된 플라스틱 봉투가 국경을 넘을 일은 거의 없다. 발송인에게 다시 돌아가는 일은 드물다는 뜻이다.

재활용된 광석처럼 품질이 낮고 안전하지 않은 제품에 대해서 선진국들은 매우 제한적인 수입 기준을 적용한다. 그래서 그 판로는 베트남 내 혹은 민 카이 지역 내 시장으로 국한된다.

종종 식물을 운송하거나 묘판 내장재에 주로 쓰이는 검은색 필름이나 봉투는 쓰레기봉투가 된다. 더 밝은 색의 봉투는 주로 비식품 시장이나 주변 작은 상점에서 쓰인다. 대개 두툼하거나 종이처럼 빳빳하고 오돌토돌한 점이 눈에 띈다. 이런 봉투는 찢어지기 쉬워서 생애가 짧기 때문에, 채소를 판매하는 여성 상인들은 단골손님들을 위해 부드럽고 투명한 봉투를 고집한다. 먹거리와 밀접 접촉되는 투명한 봉투는 위생과 청결함의 표시지만, 여성 구매자나 여성 판매자 모두 절약을 위해 반투명 봉투에 만족하곤 한다.

재활용 플라스틱 봉투 생산자들은 완제품을 개선하고 좋은 가격으로 판매하기 위해 원재료를 선별하고 알갱이를 혼합하는 기술을 통달하고 있다. 불투명하거나 상대적으로

밝은 노란색 비닐봉투를 만드는 제조법이 있는데, 그레이-
베이지색의 재활용 알갱이와 연녹색 재활용 알갱이 그리고
원색의 노란색 폴리머 색소 알갱이를 2:2:0.5 비율로 섞는
것이다. 검은 필름을 제외하고 상품을 100퍼센트 재활용하
는 것은 이례적인 일이다.

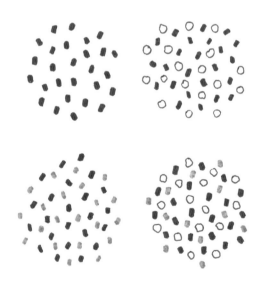

오염된 재료의 비중을 상쇄하기 위해서는 근원적 정화가 이뤄져야 한다. 보물로 둔갑하여 숨기려고 하는 것은 곧 '쇠퇴'라는 것을 잊지 말자. 형태만 바뀔 뿐 특성은 변하지 않는다. 플라스틱 가공을 할 때 색 배합에는 교훈이 숨어 있다. 근본을 숨기기 위해 변에 무엇을 섞어도 그 구린내는 사라지지 않는다는 점이다.

또한 대량으로 녹이면 제품을 정제하는 정화 투입물이 사라지면서 사용된 원료의 대부분을 추출하지 못하게 된다.

재활용 포장 공장에서 앞다퉈 증류하는 다양한 색소 외에도, 일부 공장에서 앞면에 '말렉스'(미국 필립스사가 생산하는 폴리에틸렌 제품명—옮긴이주)라고 적혀 있는 포대가 쌓여 있는 것을 본 적이 있다. 25킬로그램짜리 이 포대에는 달걀형의 투명한 알갱이들이 담겨 있다.

이런 형태는 민 카이 공장에서 생산된 것과는 구별된다. 공장 라인에서 나오는 알갱이는 밧줄처럼 추출되어 굳어진 후 잘려서 양 끝이 납작한 원통형이다. 그에 비해 은은한 유백색이 도는 투명한 달걀형 알갱이들은 민 카이에서 알갱이로 가공된 쓰레기의 불투명하고 칙칙한 색깔과 대조적이다.

고밀도 폴리에틸렌인 합성 폴리머 알갱이들의 투명함이

마치 고결한 추출처럼 보이게 하는 점은 문제적이다. 이 알갱이들은 우리의 쓰레기통이 아닌 '세계의 가장 큰 산업화 도시'로 향한다. 목적지는 석유수출국기구(OPEC)의 대표 도시 사우디아라비아의 주바일이다.

쓰레기 더미에서 시작된 플라스틱은 마치 땅속 바위틈에서 추출한 석유처럼 유동적이고 파악하기 어려운 원천을 끊임없이 만들고 있다.

재활용 마을에서
일어나는 일들

누군가는 진화하고
누군가는 퇴화한다

그날은 스노우와 둘이서 조사를 한 첫날이었다. 그전까지
는 아직 서로를 잘 몰랐기에 나 혼자 누 꾸인 지역을 많이
걸어다니고 헤매면서 탐사했다. 그러다가 정육점 부부와
그 아들과 친해지며 점심 식사에 초대까지 받았지만 정작
재활용 공장에 들어가 볼 기회는 좀처럼 없었다.

나는 민 카이 마을 주변을 돌아다니면서 끼어들 만한 좋은 기회를 기다리고 있었다. 그러기 위해서는 걷고 관찰하면서 마을에 대해 먼저 파악해야 했다. 그렇게 개인적 탐사를 이어 가면서, 지역 조사에 만반의 준비를 하기 위해 스노우에게 국도와 평행한 운하를 따라 올라가 보자고 제안했다.

며칠 후에 우리는 썩은 물가에서 틸라피아를 잡는 부자를 만났다. 우리가 인터뷰하는 동안 한 주민은 틸라피아가 '더러운 물에서도 살 수 있는 유일한 어종'이라고 불평처럼 말했다. 생산국인 동시에 수출국인 열대지방 나라들에서, 진흙에 익숙하고 집약 양식에 적응한 틸라피아는 '모든 것'을 먹어 치우는 존재다. 양식업자들이 말하는 것처럼 찌꺼기를 먹기 때문에 '쓰레기를 먹는' 동물로 분류한다.

이처럼 먹이그물에서 영양(과 배설물) 순환의 기본적인 동물학적 기능은 주거지와 농업, 수공업 그리고 산업이 한데 섞인 이 퇴화된 환경에서 특별한 의미가 있다. 물고기가 먹는 쓰레기의 특성이 문제가 되기 때문이다.

이 찌꺼기는 가정과 인근 재활용 공장에서 온 쓰레기 더미다. 찌꺼기들은 제방을 뒤덮을 뿐 아니라, 우리가 탐사하기로 한 운하의 더러운 물속에서 수상한 더미들을 이끌고

가는 물줄기에도 나타난다. 베트남의 대표 생수 브랜드인 '라 비' 공장의 울타리와 맞닿은 좁은 길은 황무지로 이어지는데, 그곳에서 나이 지긋한 한 여성 농민이 밭을 일구고 있었다.

우리가 말을 걸려고 다가갔을 때, 그는 운하에서 올챙이가 휘젓고 다니는 탁한 물을 양동이 가득 담아 공장 앞에, 바나나 묘목과 나란히 있는 호박밭에 부었다. 그는 대화를 녹음할 수 있도록 허락했는데 첫 마디를 주고받자마자 목소리가 떨리기 시작하더니 이내 눈물을 흘렸다. 스노우는 조심스레 다가가서 주름진 노인의 얼굴에서 눈물을 닦아 주고 헝클어진 머리도 정리해 주었다.

돌아오는 길에 감동적이면서도 어리둥절한 이 만남을 되돌아보던 중, 스노우는 그의 말이 매우 불확실하고 이야기에 일관성이 없어서 연구에 적절한 정보가 아니라는 의견을 내비쳤다. 스노우의 말마따나 그 '미친 노인'의 이야기에 나 역시 놀라고 난처했지만 자세한 내용을 알고 싶다고 고집을 피웠다. 그래서 남쪽 지역 조사 때 동행했던 지리학을 전공하는 히유에게 인터뷰 내용을 베트남어와 영어로 다시 써 달라고 부탁했다.

내 기억과 컴퓨터에 저장된 그 농민의 말은 매우 힘 있고 가치 있었다. 땅이 없어 가난하고 혼란스러운 여성 농민이 자포자기한 심정으로 풀어낸, 지역 경제 발전에 대한 강도 높은 비판의 소리였다.

노인은 당시로부터 20년 전인 1990년대에는 논을 가지고 있었다. 베트남이 국제 무역과 컨테이너를 이용한 세계 경제를 환영하던 이 시기에 민 카이 마을은 재활용 사업으로 빠르게 발전했다. 기업인들은 지역 정치권력과 가까이 지내면서 논이며 채소밭이며 주변 모든 땅을 탐내기 시작했다. 플라스틱 알갱이의 유입을 소화할 수 있는 새로운 공장과 창고의 부지로 쓰기 위해서였다.

20세기 말에는 민 카이 마을의 변화가 두드러졌다. 주변 마을 사람들이 붙여 준 별명 '고구마(Khoai) 마을'에서 '무역 마을'로 바뀐 것이다. 하노이 주변에 있는 다른 마을들이 물품이나 재료와 관련된 협회를 구성하면서 오랜 시간 생산해 온 라탄 바구니, 도자기 화분 그리고 목공예로 유명해지는 동안, 인근에 있는 민 카이 마을은 각양각색의 플라스틱에 점령당했다.

이렇게 생산 활동을 전환하고 부지를 할당하면서 일부

사람들은 혜택을 받았지만 피해를 본 사람들도 있다. 운하 근처에서 만난 그 농민은 지역사회가 전면적으로 개편되면서 '그들'이 그의 땅을 빼앗아 갔고 받아야 할 금전적 보상도 받지 못했다고 말했다.

그는 가족의 욕망, 빌려주고 되찾지 못한 돈, 운하 근처를 떠도는 유령 이야기, 병든 환경과 건강 문제를 이야기하며 토지 징수에 대한 배상금은 땅의 오랜 주인인 농민이나 생산업자들에게 결코 지급되지 않았을 것이라고 말했다. 그의 이야기에서 이전에 모든 것을 잃은 사람들과 그 이후 이득을 본 사람들 사이에 커다란 분열이 일어나고 있음을 엿볼 수 있었다.

"그들은 공영주택과 학교, 유치원을 지었어. 돈을 벌고는 그 대가로 사탑도 쌓고 길도 닦았지. 내가 계산해 보니 그 사람들은 내 모든 것을 가져갔더라고. 난 이제 땅도 없고 아무것도 없어." 작업장이나 쓰레기 더미에서 일하는 재활용 프롤레타리아가 되기를 꺼리는 그는 황무지에 자그마한 밭을 만들어 채소를 키워 직접 먹거나 내다 판다. 그는 "이제는 못 사는 게 없잖아. 그러니까 돈을 벌어야지!"라고 여느 농민처럼 말했다.

하지만 그가 가진 얼마 되지 않는 것들도 쓰레기, 재활용업자들, 공장, 조사원, 바나나 도둑 등에게 빼앗기고 있다. 그는 격앙된 목소리로 "그것들을 없애 버려야 해!"라고 재차 말했다.

반짝이는 논 위로 왜가리가 날고 밤에는 개구리가 울어대는, 어떤 사건도 일어나지 않는 과거 베트남 평야의 평화로운 풍경을 그와 함께 상상해 보려 했다. 그러나 이제 쓰레기, 오염, 공장, 도로 교통의 존재감이 워낙 뿌리 깊어서 이런 풍경을 돌이킬 수 없을 것만 같다.

부서진 쓰레기들이 햇빛에 썩어 가면서 뿜어내는 악취가 코끝을 자극하고, 귀에 들리는 소리라고는 끊임없이 돌아가는 모터와 기계의 소음뿐이다. 아마도 개구리는 여전히 거기 있을 것이다. 오염된 늪지에 숨어 있겠지만 소음이 점령한 이 풍경에서 개구리는 사라지고 없다.

재활용된 알갱이들을 생산하는 작업장에서는 플라스틱 입자가 둥둥 떠다니는 더러운 물을 흘려보낸다. 분쇄된 폴리머 쓰레기의 세척 수조에서 나오는 오수는 마을의 도랑이나 재활용 공장 주변의 공터로 흘러가 고여 있다.

'민 카이 하이'라는 새로운 수공업 지역이 탄생했다고

해서 배수 문제가 해결된 것은 아니었다. 오히려 오염은 농축되고 다른 곳으로 퍼졌다. 옥외 배관은 회사에서 나오는 모든 오수를 지역을 관통하는 강으로 바로 배출하면서 홍강 삼각주의 물줄기에 물을 댄다.

재활용 마을에서 보이지 않는 사탑 맞은편의 작은 다리 근처에는 카페테라스가 있다. 널려 있는 빨간 플라스틱 의자에 앉아 대나무 잎이 바람에 스치는 소리를 들으며 사탕수수 주스를 홀짝일 수 있는 곳이다. 그 둑길의 아래쪽에 '쓰레기 투기 금지'라고 쓴 녹슨 푯말이 붙어 있는데도 강의 인공 지류에서는 버젓이 여과 처리 과정을 거치지 않은 오수가 방류된다. 이 오수가 흘러가면서 공장에서 나오는 검은 물과 강의 갈색 물 사이에 또 다른 물줄기를 만들고 있다.

예전에는 사람들이 이 강에서 수영하곤 했다. 카페 주인은 물놀이하는 아이들의 웃음소리를 듣던 그 시절을 그리워했다.

수십 년 전에 연변 사람들은 강물로 요리와 빨래를 했는데, 이제는 베트남 전통 음식인 쌀국수를 만드는 데 그 더러운 물을 쓴다며 일부 사람들은 불평한다. 환경의 경우와 마찬가지로 물건의 생산과 품질에 대한 신뢰도 역시 저하되었다.

인간에 대한 불신만 커진 것은 아니다. 항상 주위의 다른 것에는 오염물이나 독극물이 없는지 의심하게 되었다. 공동이 소유하고 공유하는 강은 일상생활의 전부이고, 지역의 특성을 나타내면서 공동체를 공들여 키워낸 존재이기도 하다. 베트남어 'nước'은 '물'과 '국가' 모두를 의미하는데, 이 점에서 우리는 오염된 물이 정체성 형성에 어떤 영향을 미치는지 자문할 수 있다.

일상의 경험과 풍경 속에서 우리 삶의 방식은 플라스틱 재활용의 발전과 그에 따른 영향에 타격을 받는다. 더구나 그 영향들은 처음에는 인지할 수 없지만 환경, 인간관계 그리고 사물과 존재의 관계에 깊이 주입되어 있다. 마치 극빈

곤충이 주로 잡는, 쓰레기를 먹으면서도 생존력이 강한 물고기 틸라피아 같다.

한 주민의 집 뒤뜰은 운하에 맞닿아 있다. 그는 우리에게 산업폐기물과 날씨에 따라 물의 색깔이 변한다고 설명했다. "빨간색부터 파란색, 노란색까지 다양해요. 특히 덥거나 비가 오는 날은 더 심하죠." 이 똑똑한 물 관찰자는 창가를 떠나지 않는다. "짙은 녹색일 때는 깨끗하다는 의미예요. 어떤 날은 검은색일 때도 있어요. 그걸 보고 있자면 속이 메스껍고 불편해지죠."라고도 덧붙였다.

재활용 공장에서 일하는 것과 마찬가지로, 민 카이 마을이 아닌 다른 마을이라도 이 지역에서 산다는 것은 수질과 공기 질 저하에 따른 불쾌감에 몸이 어떻게 반응하는지 시험하는 것과 같다. 다양한 활동들이 펼쳐지는 이 지역에서 개인의 경험과 시각에 따라 그에 대한 거부감과 애정은 크게 달라진다.

스노우와 나는 지역 변호에 나선 주민들을 만났다. 오염되지 않은 강 옆에 사는 이들은 펌프로 퍼 올린 지하수를 마시면서 깨끗함을 보장했다. 더 많은 다른 주민들도 웅오 쑤엔 마을의 흰 거위 농장 인근에서 우리에게 소리쳤다. "여긴 아직 공기가 깨끗해요. 민 카이 같지 않다고요!"

이 지역에 오염수를 풍요로움으로 바꿔 공급해 주는 것과 다름없는 재활용 마을이 도리어 다른 이들의 원성을 사는 것이다.

인근의 한 카페 사장은 우리에게 "사람들이 그 마을 땅을 공짜로 준다 해도 난 마다할 거요!"라고 말했다. 그는 가게를 닫거나 이사할 생각이 없어 보였다. 지역 주민들은 이곳과 그곳 사이에 정신적, 육체적 담장을 세우고 어디에나 존재하는 온갖 종류의 오염으로부터 자신들을 보호한다. 분리된 정신 속에서 탄생한 고립된 세상이다.

이런 세상은 공간을 구성하는 동시에, 분리하고, 사물을 나눈다. 계속 잘 살아가야 하기 때문이다. 재활용 마을의 역사적 중심지 주변에는 가정 내 작업장들이 즐비한 거리가 있는데, 이 거리는 유치원이 있는 교차로에 접해 있다. 유치원은 주변 공기는 막지 못하지만 시야의 보호를 위해 높은 철조망으로 둘러싸여 있다. 그래서 길에 있는 부모를 찾으러 나오는 아침과 오후 시간에나 아이들의 모습을 볼 수 있다. 누군가를 기다리거나 작은 광장에서 무언가를 사려면 약국 외에는 소매점이 없다. 한 교사는 사탕 가게를 대체한 이런 기회주의적인 거래에 우려를 표했다. 그 자신과, 자기 자녀와 다른 이의 자녀에 대해 "암에 걸릴까 봐 걱정돼요."라고 토로했다.

이런 향수 어린 쇠퇴론은 황금기와 손실을 암시하는 '과거에는 정말 좋았는가?'[10]에 대한 담론이 기초되어야 하지만, 사실 누 꾸인 지역의 퇴화는 이미 뿌리 깊다. 매일 오염에 노출되다보니, 여러 발생원으로부터 시작되어 다양한 연쇄 관계로 묶인 유해 물질과 가까이, 더 나아가 위험 물질과 '섞여 사는 것'을 피할 수 없게 된 것이다. 주변 유해 물질에 한 가지 원인만 있는 것은 아니다. 원인들은 결합되었거나 얽혀서 혼합되어 있다.

관계가 있는 사물을 평가, 측정, 분류, 격리하는[11] 현대 과학에서 이제는 구식이 된 용어를 다시 꺼내 보자면, '미아즈마(Miasma)'(유행병의 원인을 나쁜 공기로 본 폐기된 학설-옮긴이주)에 대해서 이야기해 볼 수 있다. 막스 리부아이론

---

10 인류학자인 데이비드 베를리너가 자신의 저서에서 던진 질문이다. 책 제목처럼 문화적이고 비'자연적'인 질문이 주요 주제다.

11 나는 여기서 브뤼노 라투르가 그의 저서를 통해 분석한 위생과 백신의 역사를 참조했다.

에 따르면 이 용어는 변화되기 쉽고 순회하는 잡다한 물질로, 플라스틱 가공제, 첨가제, 그리고 박테리아를 유발하는 플라스틱의 영향을 분석하는 데 적합하다.[12]

민 카이 마을과 가까운 이곳에서 플라스틱은 그 상태가 다양하고—플라스틱성—어디에나 존재해서 인간을 포함한 모든 생명체에 침투하기 때문에 주민들이 유독 물질에 반복적으로 노출된다고 볼 수 있다.

대기와 땅, 그리고 강은 훼손됐고 동시에 삶도 변질됐다. 인간은 개인, 공동체 등 몸통을 구성하는 '화학적 관계의 범위를 인식'하고 환경과 다른 관계를 형성할 필요가 있다. 역사학자 미셸 머피의 '또 다른 삶(alterlife)'처럼 말이다.

그러나 대체적인 전망은 분명하지 않다. 시간의 화살은 더 많은 자원 개발, 물질 축적, 에너지 남용을 촉진시키고, 이러한 퇴화를 상쇄시키는 경제적 번영은 재활용 성공 모델을 가진 소수의 기업만 웃게 만든다.

이 모든 것을 되돌리기란 불가능해 보인다. 열역학에서

---

12 플라스틱을 다양한 산업에 적용하려면 표면 처리 방식(전기도금술, 크롬도금 등)이 동원된다. 그런데 사용된 첨가제는 (안정적이라고 하는) 폴리머의 공유 결합 구조에 통합되지 못하기 때문에 분자 이동의 위험이 크다.

말하는 엔트로피와 같은 것이다. 패자들은 모두 운하 근처에서 탄식만 할 뿐이다. 승리하기 위해서는 과거를 미래로 가는 디딤돌로 삼아야 한다. 하지만 사람들은 퇴화에 대한 거론은 꺼리면서 그들이 가져온 발전과 공로만을 이야기하곤 한다.

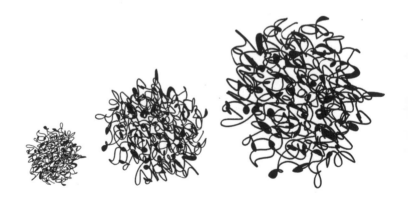

재활용된 비닐봉투를 제조하는 한 깔끔한 공장에 방문했을 때였다. 십여 명의 남녀 노동자들이 잘 정렬되고 밝은 생산 라인에서 일하고 있었다. 공장을 운영하는 지역 기업인은 동업자와 함께 마을과 주민들의 또 다른 역사를 우리에게 들려줬다.

미국 전쟁 당시 민 카이에서 농민의 자식으로 태어난 그는 같은 세대의 다른 이들처럼 1995년까지 밭일을 하다가 재활용 분야로 전직했다. 당시 물물교환이 이제 막 자리 잡기 시작한 때였다. "여기서 일자리를 가진 사람은 한 명도 없었어요. 그저 사탕을 만들고 그걸 비닐봉투와 맞교환했죠. 우린 그걸 맨손으로 씻어서 하노이에서 다시 팔았어요."

그는 몇 년간 이런 임시 거래를 하면서 하노이에서 재활용 공장을 관찰했고, 모아 둔 소자본으로 중고시장에서 처음으로 사출기를 구매할 수 있었다. "작은 재활용 기계를 마련할 때까지 기다렸다가 결혼을 했어요. 작은 기계를 큰 기계로 바꾸기도 했죠."

그는 거래처에서 본 과정을 따라 하면서 재활용된 알갱이 생산을 조금씩 발전시켰고, 재활용 생산을 스스로 할 수 있을 때까지 중국과 대만의 성능 좋은 설비들에 투자했다.

"지금은 비닐봉투를 만들어요. 이렇게 할 수 있기까지 수년이 걸렸어요."

사탕을 만들어 비닐봉투와 교환하고, 비닐봉투를 손수 강물에 세척하는 것부터 기계를 사들이고 비닐봉투 생산에 쓰일 재활용된 알갱이들을 만들기까지의 세월을 거치며 그는 드디어 빈곤에서 벗어났다. 두 아들을 공부시킬 수 있다는 것에 만족하며 사업을 이어 나갈 계획도 세우고 있다.

그동안의 여정을 그는 이렇게 요약했다. "삶이 180도 달라졌어요. 내 부모는 찢어지게 가난했고 밭일을 했고 전쟁에 나가 싸웠어요. 내가 어렸을 때 학교에 가라고 말해 준 사람은 단 한 명도 없었죠. 우린 운이 없었어요." 그의 동료도 덧붙인다. "바로 그런 게 사회주의였죠."

이 두 남성에게서는 어떤 향수도 느껴지지 않았다. 베트남 사회주의가 독립의 원동력이 된 것은 사실이나, 이 달갑지 않은 과거는 식민지와 전쟁 그 이상으로 비판의 대상이기도 하다. 비록 평등주의 신조는 자유를 갈망하는 자들을 진압하는 과정에서 사라졌지만, 진보는 대부분 개방과 자유 사업과 연관되어 있다.

그런데 베트남 공화당이 중국을 따라서 1986년에 추진

한 '도이머이(Đổi mới, 쇄신)' 정책으로 촉발된 경제 자유화는 상반되는 두 견해가 결합하는 결과를 가져왔다. 바로 공산주의 이데올로기와 자본주의 이데올로기다. 정부는 새로움을 추구하려다가도 유지하던 형식을 고수하려는 경향이 있기 때문에, '새로운 것으로 바꾸다'라는 의미의 도이머이가 연상시키는 변화 역시 상대마다 다르게 적용해야 한다.

우리에게 이야기를 들려준 성공한 기업인의 눈에는 재활용 규제를 완화한 경제정책 덕분에 가족들, 그리고 조금 과장하자면 '마을 전체'가 빈곤에서 벗어나고 일자리를 얻었으며 행복하게 살아가게 된 셈이다. 광석을 재활용하는 스타하노프 운동(1935년 구소련에서 스타하노프라는 광부가 고안한 기술이 계기가 되어 일어난 노동생산성 향상 운동−옮긴이주)을 찬성하는 사람과 플라스틱 사업으로 자수성가한 사람 사이에서 생겨난 이데올로기는 실증주의에 근거를 두고 있다.

오귀스트 콩트의 유명한 표현을 빌리자면, '장악하고 소유'하면서 모든 재료를 변화시키고 승화할 수 있는 인간의 행위를 찬양하는 것 외에 자연이 존재할 자리는 거의 없다.

아마도 이런 이유로 기업인들과 대화를 나눌 때 '환경'

이라는 단어는 스노우와 나에게 금기어가 된 것 같다. 귀한 인터뷰이들과 관계를 만들고 유지하기 위해서 우리는 그들의 금기어를 추려야 했다. 오가는 대화 속에 오염과 인간, 그외 존재의 건강과 관련된 쟁점이 숨어 있지만 그들의 행동에는 자신들의 터전과 일터의 질적 저하에 대한 경각심만 엿보인다.

재활용 회사의 경영자들은 상황이 괜찮아지면 최대한 빨리 민 카이 마을이 아닌 누 꾸인 지역 반대편에 주택을 구매한다. 하노이처럼 그나마 환경이 낫거나 더 먼 지역으로 이동하는 것이다. 여전히 그곳에 사는 일부 개척자들을 제외하고 재활용 사업으로 큰돈을 번 남성들은 재활용 라인과 조상들의 제단을 바로 옆에 두고 (목재로 지은 오래된 누옥 바로 옆에 여러 층의 새로운 집을 짓기도 하면서) 대낮에만 작업장을 찾는다.

가장 성공한 공장들이 다시 터를 잡은 수공업 지역에는 으리으리한 큰 저택들이 생겨났고, 그 집들의 고급스러운 나무 덧창은 항상 닫혀 있다. 탐사 초기에는 주민들이 냄새를 피해서 창문을 닫고 지내는 줄 알았다. 나중에야 집에 아무도 살지 않는다는 것을 알게 됐다.

집주인들은 다른 곳에서 살고 있던 것이다. 이 거대한 건물들은 가정집보다는 회사 사무실로 더 많이 쓰여서 우리는 이곳에서 고용인, 회계원, 경비원, 가사도우미들을 만났다. 쓰레기 주변을 어슬렁거리는 들개들을 처리하는 어린 직원도 있었다. 시골 가정집에서는 방 하나를 전부 차지하는 조상들의 제단은 적절한 크기로 줄였고, 요란하게 장식한 작은 제단을 입구 한편에 마련했다.

50대의 한 철물상은 자신의 동네가 '1,000분의 1'의 속도로 빠르게 발전하고 변했다고 일축했다. "전에는 관공서를 제외하고 사무실이라는 곳이 없었어요. 지금은 여기저기에 회사들이 있죠."

그는 불평등하고 무질서한 이 지역에 도시화로 인한 자본이 유입되면서 부작용이 생겼다고 말한다. 그가 비난하고자 하는 나쁜 회사들은 주로 헤로인 같은 마약을 소비하고 범죄와 도박, 매춘을 일삼는 회사들이다. 이익과 손실이 불평등하게 분배되는 것이 특징인 경제발전에 대해 그는 성숙하지 못하다고 평가한다. "젊은 사람들은 돈 쓸 곳을 어디서든 찾아내요."

많은 주민이 정부가 재활용으로 발생하는 환경과 위생

재난에 대응하지 않는다고 비난하지만, 쓰레기가 이미 점령해 버린 이 지역에서는 오히려 부패에 대한 문제가 불거진다.

다수의 주민이 분노하며 말하기를, 인민위원회가 끝없는 성장과 무한한 혜택을 좇는 플라스틱 재활용 공장의 경영자들에게서 보이지 않는 (혹은 볼 수 없는) 활동비 명목으로 뇌물을 받는 부패한 공무원들의 소굴이 되었다는 것이다.

한 세무 공무원은 이 지역의 환경 예산은 다른 지역보다 높은 편이지만 예산 대비 괄목할 만한 효과가 없다는 점에 의문을 가졌다. 내 녹음기가 꺼지자 그는 자신이 제기한 질문에 답하기 위해 몇 가지 가정을 제시했지만, 확신이 없었기에 결국 어색한 침묵이 이어졌다.

이 돈이 어디로 가는지 알 수 없다면 이는 자연자원환경부에서 어딘가로 '새고' 있다는 것을 의미한다. 그날 나와 동행한 베트남 사회학자는 그의 발언을 지지하면서 세무 공무원은 자신의 동료들에게 문제를 제기하는 위험을 감수한 것임을 덧붙였다.

　우리가 방문할 때마다 필사적으로 자리를 비운 것만 같았던 민 카이 2구역의 수공업 지역 관리과의 공무원들이 나와 인터뷰를 하기 위해 부랴부랴 오토바이를 타고 들어왔다. 이들은 공장에서 방출하는 오수와 폐기물 관리 시스템이 잘못된 것을 정당화하는 핑계로 자원 부족을 호소했다. 공무원들이 이렇게 나오자 우리는 회사들은 돈이 없냐며 응

수했다. 그러자 그들은 플라스틱 가공은 실제로 주목할 만한 성과를 거두었지만, 가장 부유한 사람들이 지역 당국을 대신해 그들의 이익 배분을 결정했다고 주장했다.

그들은 정화 시스템에 투자하기 전에 먼저 거대한 공동 주택을 건설해 재활용 개척자들에게 경의를 표했다. 주택은 역사학자 폴 벤느가 그의 책 『빵과 서커스(Le Pain et le Cirque)』에서 표현한 고대 에우엘제티즘(공공을 위한 기부 ―옮긴이주)에 어울리는, 공동체에 과시하기 위한 기증인 것이다.

지역에서 가장 많은 주민이 사는 마을의 이익을 수호하고 있다는 긍지로 가득 찬 민 카이 마을 대표는 우리에게 인터뷰를 허락했다. 인터뷰는 기와로 덮인 둥근 지붕, 튀어 나온 용 석상이 있는 거대한 그 공동 주택에서 이뤄졌다. "우리는 가장 큰 공동 주택을 가지고 있어요! 70억 동(약 25만 유로)이 들었죠. 마을 사람들의 분담금으로 지은 거예요. 이제는 돌아가셨지만 마을 부족으로서 이 일을 처음 시작한 남자들인 응우옌, 딘, 풍을 기리기 위해 2012년에 지었어요."

공장과 쓰레기 더미에 둘러싸인 주택 앞마당에는 수 미

터 높이의 철망 울타리가 있다. 이런 보호 장치가 없으면 경영자들이 이 '빈' 공간에 더러운 플라스틱 보따리를 쌓아 둬서 건물 입구에 놓인 화초가 질식할 위험이 있기 때문이다.

부패한 기업들과 자본 유출을 공모하고 기업세를 탈루하는 조직적 움직임에 맞서 15개 가족 회사는 그들의 이익을 수호하기 위해 재활용업자 조합을 결성했다. 그들의 목소리가 영향력 있는 민간 부문과 공공 책임 사이에 존재하는 대립을 드러낼 수 있다면, 이는 현실에서 작동하며 국가의 자원을 유용하게 만드는 실용적인 동맹이다.

예를 들자면, 1977년부터 재활용에 뛰어들었다고 자랑하면서도 "공공기관에는 돈이 없다."고 선언한 민 카이 마을 대표는 한때 흥옌성의 지도자였다.

지역에 미치는 사회적이고 환경적인 해악은 제쳐 두고 손실은 분담하게 만들면서, 자신들의 영리 활동 이익은 독차지하는 소수의 모습을 보고 있자니 일부 주민들의 분노도 충분히 이해가 된다.

(오늘날 규모와 횟수가 감소한) 쓰레기 수거를 공공이 담당하기 이전에 일부 주민들은 습관처럼 지역 인민위원회 앞에 쓰레기를 버렸다. (내 인터뷰의 화자는 대부분 신원이 없고

항상 '밤'에 행동하는 사람들인 만큼) 익명으로 이뤄진 이런 관행은 그들의 불만을 표현할 수 있는 기발한 방식이었다. '쓰레기 마을'에 사는 이들에게 그들의 정책이 '쓰레기[13]'에 불과하다는 것을 결정권자들에게 이해시킬 가장 공정한 방법은 이 방법 외에는 없는 것이다!

---

13 나는 여기서 재키 부주와 파투마타 와타라가 부르키나파소에 대해 공저한 『쓰레기 저항(la résistance des ordures)』에서 사용한 표현을 인용한다.

돌고 돌아
다시 원점?

순환이라는 거짓말

나는 호찌민시 박람회장 안쪽에 있는 방문객 휴게실로 피신해 커피 한 잔을 마시며 정신을 차리고 있었다. 여러 합성물로 덧입혀진 테라스에 앉아 있으려니 프레스 투어 때 봐둔 영국 전시장이 보였다. 눈에 띄지 않고 관찰하는 것이 내가 깊이 열망하는 인류학적 몰입(혹은 숨기)이건만 베트남 포장 산업 박람회와 플라스틱 및 고무 산업 박람회를 보고 있는 참석자는 나뿐만이 아니었다. 나의 바람은 깨졌지만 이곳을 지나칠 수는 없었다.

나는 젊은 백인이고 정장을 입지는 않았지만 필기할 작은 수첩을 들고 있었다. 그래서 정장을 차려입은 유럽 남성들, 각 기업이 상징하는 색의 폴로셔츠를 입은 중국, 대만, 한국의 세일즈 엔지니어들과 (대부분 아시아 통역사이거나 안내원인) 여성들은 나를 기자로 여길 것 같았다. 아마도 그 덕분인지 첫째 날 열린 기자 간담회에 입장하는 나를 누구도 제지하지 않았다.

번역사로 채용된 베트남 여학생이 나를 안내했다. 기자 간담회는 싱가포르 전시 서비스와 공동 주최자인 메쎄 뒤셀도르프사의 게르노트 리글링 대표, 그리고 독일 기계공업협회인 VDMA의 농산물 가공업 관련 포장 산업 전문가인 베라 프리트쉐의 소개로 시작됐다. 플라스틱 외교를 보여주는 이 중요한 행사를 기록하기 위해 설치한 세 대의 카메라가 나를 발견했고, 참가자들의 반응을 실시간으로 전달하는 스크린에 내 모습도 반복적으로 등장했다.

내 얼굴 위로 첫 번째 베트남 강연자의 주제가 떴다. 그는 첨단 플라스틱 가공 산업과 농산물 가공업 활용의 시너지 효과를 제시하기 위해 '사이공 투어리스트' 물병을 보여주었다. 내가 필기에 집중하던 순간, 카메라가 내 필기 내용을 클로즈업했다. '국수 포장 기계', '음식, 음료 그리고 약품 공업', '고성장 시장', '영리 산업' 등을 영어로 갈겨 쓰고 그 중간에 나는 이렇게 썼다. "불어를 아는 사람이 이 영상을 본다면 나는 들통날 거야!"

돌이켜보면 그날 내가 그들 앞에서 어떤 가면을 쓰려고 했는지는 모르겠지만, 분명 여러모로 거북한 상황이었다. 이곳에서 이메일을 등록할 때나 미팅할 때도 나는 항상 플라스틱 재활용에 관한 사회과학 연구를 진행하고 있다고 설명했다. 그럼에도 배지를 나눠 주는 매표소 직원들은 나의 정체를 잊은 듯했다.

고도로 문명화된 이 공간에서 오히려 낡은 내 현장 수첩은 불안을 일정 부분 덜어 주고 상황을 분석하는 도구가 되었다. 평소보다 세련되게 차려입은 이 차림이 나를 '환경 문제 전문가'로 만들어 생산적인 이 행사에 난입한 불청객처럼 보이게 할 거라는 생각이 들었다.

이후 언론 가이드 투어에서 싱가포르 대표가 내게 말을 걸었다. "제가 보기에 당신은 베트남 기자가 아닌 것 같은데요." 그 대화 뒤로 아무런 교류가 이뤄지지 않았기 때문에 우리 대화는 바로 끝이 났다. 문득 그곳에 내 자리는 없음을 깨달았다.

　우리 그룹에 영국 전시장을 소개하는 남성의 냉담하고 날카로운 시선 속에서 나에 대한 짙은 의심이 느껴졌다. 멀찍이서 스위스, 이탈리아, 오스트리아 출품 회사들의 웅장한 기계들이 호기심을 자극하는 리드미컬한 기계음을 내는 가운데, 그 남성은 베트남 기자들에게는 자신의 전시장에 방문하라고 권했다.

　전시의 절정은 터치스크린이 달린 녹색 기계였다. 유리창 뒤에서 본을 뜨고 무빙워크에 순백색의 용기를 조심스럽게 내놓는, 인스턴트 국수 용기를 만드는 기계다. 입구 단상을 제외한 곳에서는 사진 촬영을 금한다는 벽보가 붙어 있었지만 이 기술적 업적을 디지털 기록으로 남기기 위해 다들 스마트폰을 꺼내 들었다.

　둘째 날, 나는 유럽과 아시아의 출품 회사 직원들과 이야기를 나누면서 영국 전시장으로 접근할 타이밍을 엿보고 있었다. 이들은 호의적이었고 플라스틱과 관련된 기술들을 전시 중이어서 전시의 쟁점 중 하나인 재활용에 대한 기술적인 질문에 적극적으로 답변해 주었다.

그에 반해 영국 전시장에는 어떤 기계도 진열되어 있지 않았고 몇 장의 사진만이 시선을 끌었다. 프레스 투어에서 만난 위압적인 그 남자 직원이 자리를 비웠다는 것을 확인한 후 (그가 영국 플라스틱 공업 조합 대표라는 것은 나중에 알게 됐다) 그 관으로 향했다.

먼저 산화해체성 플라스틱 봉투에 관한 작은 부스를 담당하고 있는 말레이시아 여성에게 말을 걸었다. 이 플라스틱은 산화 과정을 거치는 폴리머의 분자 사슬을 절단하는 중금속을 비롯한 위험한 첨가물 혼합제를 사용하여 생산된다. 환경오염에 대한 우려가 높아지자, 그들은 사용 기간이 끝나면 (일부 기업에서는 심지어 이 사용 기간을 '통제'할 수 있다고 강력하게 주장하기도 한다) 이 비닐봉투가 자연 속에서 '사라질' 수 있다고 홍보했다.

(훗날 하노이에서 만난 프랑스 기업인이 일축한 것처럼) '엉터리 가루'로 만든 첨가제가 함유된 플라스틱에 대한 논쟁이 일면서 유럽연합은 2021년에 불안정한 이 폴리머의 시장 진입을 금지했다.[14] 실제로 이들의 화학적 분쇄 방식은

---

14 유럽이사회와 유럽의회의 일회용 플라스틱에 관한 지침(2019년 6월 5일)

생분해와 아무런 관련이 없고 오히려 플라스틱 미세 입자와 오염 물질을 분산시켜 생태계를 위험에 빠뜨릴 수 있다. 그 럼에도 산화해체성 플라스틱은 전 세계에 퍼져 있다. 특히 베트남에서는 이 봉투가 '친환경' 라벨을 붙이고 대형 마트 의 계산대까지 배포되었다.[15]

크게 비난받을 수 있는 이 기술을 소개하는 두 부스를 보고 나니 호기심이 발동했다. 재활용 산업에 (특히 세척 시 스템에) 쓰일 설비 회사 소속의 이탈리아 대표와 꽤 호의적 으로 긴 대화를 나누던 중, 그는 '쓰레기 마피아'가 있다면 서 흘깃 곁눈질로 어떤 부스를 가리켰다.

그 부스는 컨테이너 운송을 위해 압축되고 성형된 플라 스틱 알갱이들 사진으로 뒤덮인 패널로 장식되어 있었다. 그때까지 재활용 공장 근처에 있는 민 카이 마을에서만 볼 수 있던 '2차 원료'(라기보다는 플라스틱 쓰레기)를 그 자리에 서 보게 된 것이다. 이런 사진들을 붙여 놓은 유일한 출품 회 사 제이플라스는 영국의 재활용 전문 업체이자 '천연' 재료 를 전 세계에 수출하는 업체다.

---

15 나는 공저한 저서에서 한 챕터를 할애해 산화해체성 플라스틱에 관한 문제를 다 뤘다.

이 회사를 대표하는 한 남성 직원은 입을 비죽거리며 내 질문을 받아 줬다. 나는 테이블에 자리를 잡고 앉아 언어 표현에 두 배로 주의하면서 분위기를 풀어 보려고 했다. 나는 재활용에 관심 있는 박사 과정 학생으로 그 자리에 있는 것이니까. 그는 내가 부스를 돌아보는 내내 팔짱을 끼고 있긴 했지만, 나는 연구에 도움을 주는 귀중한 시간을 내어 줘서 감사하다고 표현했다.

생산 업체 조합의 대표와 그의 부하 직원이자 에너지(석유와 가스) 플라스틱 가공의 경제 외교 전문인 왕실의 고위 공무원에 비하면, 이 직원은 너무 친절해서 매력적일 정도였다. 하지만 그는 내가 하는 모든 질문에 무거운 침묵을 지키다가 이렇게 대답했다. "제 생각에 당신은 이미 그걸 알고 있는 것 같은데요."

몇 분 후 베트남 사람들이 사진 가까이 다가오자 그는 기회를 놓치지 않고 내게 이렇게 말했다. "실례합니다. 고객이 오셨네요." 그와 동시에 바로 등을 돌리며 단호하게 나를 무시했다.

나는 조사를 위해 부스에서 몇 분 더 머물렀다. 그러다가 그가 팸플릿이 널려 있는 테이블로 다가오는 한 방문객에게

다짜고짜 다가가는 것을 보았다.

"혹시 재활용업을 하시나요?" "직접 하는 것은 아니에요."라고 베트남 사람이 대답했다. 직원은 눈을 크게 뜨고 잘 알고 있다는 듯이 반복해 말했다. "아, 직접 하시는 건 아니군요." 그들은 몇 분 전에 내가 앉아 있었던 테이블에서 대화를 이어갔다.

회사 소개 책자에는 원형으로 돌아가는 화살표에 앵글로색슨 군도의 실루엣이 겹친 제이플라스의 로고와 함께, 재활용 기업들이 '순환 경제'라고 부르는 이 분야의 통상적인 슬로건이 쓰여 있었다. 'Closing the loop in UK(영국에서 순환 고리 닫기).' 미덕으로 오해하게 만드는 이 슬로건 아래에 실린 또 다른 광고에는 아이러니가 가득했다.

'Shaping the future of UK plastics and recycling(영국의 플라스틱과 재활용의 미래를 만든다)'. 여기서 두 글자만 바꿔서 'Shipping the future of UK plastics and recycling(영국 플라스틱과 재활용의 미래를 해치우자)'로 변형해도 어색하지 않을 것 같았다. 그처럼 베트남의 문제적 기업들과 영국 왕실의 이익을 수호하는 밀사를 대표하는 이 왕관은 쓰레기 컨테이너 수출을 통해 전 세계 해상에서 존재감을 유지하고 있다.

영국이 세계 각지로 폐플라스틱과 알갱이 재료들을 수출하는 유일한 선진국은 아니다. 2008년에 프랑스는 아시아 여러 국가뿐만 아니라 유럽 인근의 재활용 천국 터키에

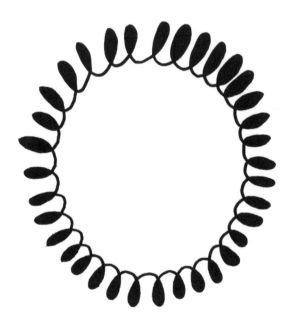

45만 톤의 플라스틱 쓰레기를 수출했고,[16] 불가리아와 루마니아는 이탈리아산 쓰레기에 점령당했다. 서유럽부터 태평양까지 이어지는 쓰레기의 여정은 동서양의 무역 관계를 다시 그린다.

2017년에서 2018년으로 넘어갈 무렵, 중국은 더 이상 세계의 쓰레기통이 되기 싫다며 종이, 종이 상자, 플라스틱, 금속, 섬유 등 24종의 유해 물질 수입을 중단한다고 선언했다. 최근 수십 년 동안 중국은 실제로 미국, 일본, 호주, 뉴질랜드, 그리고 유럽에서 오는 폐기물 거래의 중심 고리였다. 가족형 수공업 공장부터 지역 규모의 산업 기업까지 다양한 주체가 이 재료를 재활용한다.

2017년 1월에 개봉하여 같은 해에 여러 상을 거머쥔 다큐멘터리 〈플라스틱 차이나(Plastic China)〉를 만든 왕 지우리앙 감독은 베트남처럼 소기업 경영자들이 품은 현대성과 자본 소비 열망에 기대고 있는 재활용 경제와 개인의 운명을 조명하며 예리하고 비판적인 자화상을 그려냈다. 그중 한 장면에서 이들의 사회적 구출에 대한 욕구를 구체적으로

---

16 독일 하인리히 뵐 재단에서 발행한 지구환경보고서 「플라스틱 아틀라스」(2020)에서 참고. (온라인에서 다운로드할 수 있다)

담고 있다.

감독은 북경 모터쇼에 간 재활용업을 하는 두 가족의 모습을 보여 준다. 그들은 반짝이는 실내 장식과 가죽 시트, 다이아몬드가 박힌 핸들에 눈이 멀었고, 고급 자동차 보닛에서 포즈를 취하는 모델들 사이로 얼이 빠진 채 돌아다닌다.

상영 몇 달 후에 내려진 중국 정부의 일부 쓰레기에 대한 수입 금지 결정에는 아마도 이 영화가 한몫을 했을 것이다. 2016년 베트남 포장 산업 박람회에서 이미 언급된 바 있는, 재활용 산업에서 준비하고 있던 이 금지 조치는 쓰레기 국제 무역의 범위를 가시화시켜 경제적, 외교적 문제와 더불어 언론에 '위기'를 초래했다. 그때까지 이런 거래는 대중에게 알려지지 않은 영역인 동시에 국제 규제의 레이더망을 피해 왔기 때문이다.

1992년에 핵 및 화학 산업을 우선하여 유해 폐기물의 국가 간 이동을 규제하는 바젤 협약이 발효됐다. 바젤 협약은 유럽 공동체법에 2006년 통합되면서 점차 진화하고 있다. 2021년 1월에 개정된 유해 폐기물 통제 목록에 폐플라스틱도 추가되었다. 이 협약의 실질적 목표 중 하나는 수출국이 컨테이너를 발송하기 전에 수입국의 승인을 받도록 의

무화하는 것이다. 그러나 현재로서는 준국가적 주체들이 비교적 독자적으로 무역을 조직하고 있다. 국제적으로 논의된 이 규제에 따른 제재 의무의 구체적 이행은 아직 문제로 남아 있다.

2018년에 미국 언론들이 중국의 금지 조치 이후 수거 및 분리센터 창고에 쌓여 있는 쓰레기 보따리들을 보도하자, 격분한 국내 언론들은 베트남 내에서는 살 사람이 없어 갈 길을 잃은 쓰레기 화물들이 쌓여 있는 항구에 몰려 왔다. 플라스틱, 철, 알루미늄, 폐지로 가득 찬 컨테이너 9,000개가 큰 항구에 덩그러니 남아 있었고 일부는 수개월 동안이나 주인을 기다리는 중이었다.

베트남 정부 부처는 이 쓰레기들을 다시 수출하든, 처리장으로 옮기든 위반 기업의 비용으로 처리하겠다고 발표했지만 쓰레기 산은 계속 높아지며 영토를 점령했다. 민 카이 플라스틱 재활용 마을은 당시 텔레비전 뉴스에도 등장했는데, 한 기자에 따르면 폴리머 쓰레기가 매일 1천 톤씩 들어오면서 1년 만에 그 규모가 10배나 증가했다고 한다. 이런 위기 상황에서 드러난 쓰레기 국제무역의 '아래로부터의 세계화'는 쓰레기의 유입을 규제하지 못하는 베트남 정부

의 코앞에서 음성적으로 발생하고 있었다.[17]

너무 많고 너무 더러운 이 쓰레기들을 치우는 일은 폐기물 재활용의 수거 및 분리 경제에 관련된 기업들과 관계자들이 조직한다. 영국의 제이플라스사는 자체적으로 재활용 공장을 관리한다. 하지만 지속적으로 품질 관리된 재료의 일정한 유통을 확보하기 위해 수출을 재고 조절을 위한 변수로 사용한다.

플라스틱 재활용의 모든 쟁점은 유통을 통제하는 것에 기반을 둔 것이다. 규칙적인 생산을 위한 기계와 창고의 규모가 결정되어 있고, 손익분기점이 무너지는 최저선과 추가 투자가 가능한 최고선 사이에서 측정된 수치가 필요한 것처럼 말이다.

잉여가 발생해 가득 차면 비워야 한다. 생산자들이 시판과 수출에 용이한 (국가 및 국제기관[18]이 정한 음식과 접촉하는 재료의 표준) 품질 기준을 준수하고자 하는 한, 그들의 정

---

17 나는 여기서 알랭 타리우스의 동명의 저서 『La Mondialisation par le bas』에서 등장한 표현과 미셸 비비오르카가 쓴 서문의 글귀를 인용한다.
18 FDA(미국 식품의약국), AESA(구세계의 유럽 식품안전청) 등

확성 외에도 '투명한 유통'은 재활용의 중요한 요소다.

일부 국제 브랜드들이 새로운 '친환경' 시장에 진입하기 위해 오염된 대양에서 온 재료뿐만 아니라 베트남 민 카이 마을에서 재활용된 재료를 사용한다는 것에 자부심을 느끼는 반면, 일부 기업들은 재활용 사업에서 손을 떼기로 결정했다. 세계의 쓰레기에 잠식되어 있고 그들의 활동으로 피해를 준다는 비판을 받지만, 한편으로는 그들 역시 인정받고 싶어 해서 유통의 투명성과 순수한 재료를 추구한다. 사우디아라비아나 그 외 국가에서 수입된 폴리머 알갱이로 투명한 일회용 컵과 빨대 구멍이 뚫린 뚜껑, 정수한 물을 담기 위한 페트병[19]을 만들기 위해 그들은 다시 플라스틱 원료로 직행한다. 그 원료는 바로 탄화수소다.

석유화학 및 금속가공 기업인 (오늘날 다른 다국적 기업에 합병된) 페시니의 의뢰로 제작된 13분짜리 다큐멘터리 〈스티렌의 노래(Chant du Styrène)〉에서 감독 알랭 레네는 플라스틱 소비재의 산업 계보를 재구성했다. 철학자 롤랑 바르트가 『신화론(Mythologies)』을 출간하고 1년이 지난 시점인,

---

19 폴리에틸렌 테레프탈레이트(PET)

1958년에 등장한 필름이었다. 롤랑 바르트는 이 책에서 현대의 한 상징이자 '기적 같은 재료'인 합성 폴리머에 한 챕터를 할애해 끊임없이 재형성되는 그 능력에 놀라움을 표하며 조소한 바 있다.

    아이러니한 점은 이 단편 영화의 감독이 보수적인 사회와 영화계의 현실에 반대하는 프랑스 영화 운동인 누벨바

그를 이끌었다는 점이다. 플라스틱성을 담고 인간과 기계에 의한 가공을 세밀히 묘사한 장면에서 배우 피에르 둑스는 레몽 크노가 쓴 알렉상드랭(프랑스의 정형시로, 6음절씩 나눈 12음절로 구성되어 있다. 레몽 크노는 『문체연습(Exercices de style)』에서 알렉상드랭을 사용했다.—옮긴이주)을 활용해 질문한다.

"오, 플라스틱이여. 너는 누구이고 어디서 왔으며 너의 희귀한 특성을 말해 주는 것은 무엇인가?" 영화는 알록달록한 조리 도구와 반투명 국자들이 아지랑이처럼 피어오르면서 시작된다. 그 후 시적 감각으로 가득한 이 문장이 이어진다. "그들의 모범적인 이야기를 거꾸로 돌려 보자."

감독은 그릇을 만드는 거푸집부터 사출 과정에서 나오는 파란 색소를 거쳐 '강인하고 파란만장한 폴리에틸렌' 소재의 알갱이까지 보여 주면서 탄화수소를 추출하는 플라스틱의 여정을 거슬러 올라간다. 이 '추상적이고 비밀스러운 재료'는 중합 과정에 사용되는 잔류 올레핀(혹은 불포화 탄화수소인 알켄)을 정제하는 데 사용된다.

이렇게 중합된 폴리머의 조상들로는 석탄, 천연가스, 석유, 그리고 미국에서 수압 파쇄 공법으로 추출되어 유럽 굴

지의 플라스틱 가공 기업인 이네오스에 의해 유럽으로 수입되는 셰일가스가 있다.

이들은 지질학적 그리고 화학적인 과정을 통해 형성된다. 식물성 유기물이 생물계에 의해 표면에서 흡수되고 암석 속에 매장되면 지하에서 서서히 숙성되어 탄소 화석이 만들어진다. 이 에너지원은 귀해서 모두가 탐을 낸다. '많은 시간과 공간'이 집약되어 있기 때문이다.

정치학자인 티모시 미첼에 따르면 우리가 '1리터의 석유'를 쓸 때 '25톤의 원시 해양 생물'이 연기로 사라지고 '유기물이 성장한 수십 년'의 세월이 증발한다. 화석 에너지의 추출 덕분에 플라스틱 가공 산업이 발전했는데, 이로 인해 탄화수소 '소모'가 가속화되고 포장재 같은 일회용 플라스틱 용품, 즉 '일용소비재'[20]의 소비와도 밀접하게 연결된다. 생산주의와 짝을 이루는 소비주의, 석유와 땅속에 매장된 자원을 추구하는 것은 곧 (유정, 광산 그리고 추출 작업과 함께) 플라스틱에 대한 애착의 시발점인 것이다.

---

20 게이 호킨스와 에밀리 포터, 케인 레이스는 1970년대부터 세계 시장을 공략한 플라스틱 물병(PET)을 통해 *FMCG - fast moving consumer goods*'(일용소비재)에 대해 설명했다.

이런 물질주의 계보가 이어지면서 자연과 문명을 구분하던 것에 의문이 제기되었다. 실제로 열가소성 폴리머처럼 합성 재료로 간주되는 것들은 서양의 자연주의 사상이 낳은 자연과 문명 사이 대립의 경계를 따라 진화하고 있다. 이들은 인간과 인간 외의 것으로 채워진, 겉으로 보기에 구별되는 공간들을 합성한다.

이는 문명 과정(추출, 가공, 사용)만큼이나 자연 과정(지질학적, 생물학적)을 차용한 하이브리드 사물로, 이런 과정이 없었다면 플라스틱은 탄생하지 못했을 것이다. 플라스틱은 자연을 길들이는 운동과 관련이 있어 보이고, 샴푸 통처럼 우리의 밀접한 일상까지 함께하는 만큼 플라스틱을 '길들인 재료'라고 부를 수 있을 것이다.

플라스틱이 '야생'의 상태로 돌아가면 혹자가 '인류세'라 부르는, 즉 지구 생태계의 인간 발자국을 정의하는 미시, 중시, 거시적인 모든 측면에서 그 흔적을 남긴다. 빙하 코어부터 도심 나뭇가지에서 펄럭대는 비닐봉투를 거쳐 대양에 생겨난 플라스틱 섬까지, 플라스틱은 여기저기로 비집고 들어와 지금까지 끄떡없어 보였던 생태계의 균형을 깨뜨리고 있다.

뿌리부터 꼭대기까지 합성 폴리머의 계보가 뒤죽박죽이긴 해도 의미가 없는 것은 아니다. 이는 우리에게 시각 변화와 함께 일시적이 아닌 영구적인 행동을 요구한다.

그런데 쓰레기가 '2차 원료'가 되자 우리는 학교에서 배웠던 물의 순환과 같은 물질 순환의 조합을 보고 싶어 한다. 지질학, 화학, 산업, 문화 등의 힘이 작용하는 다차원에서 복잡한 구성을 가진 분자 가공을 쉽게 이해할 수 있는 이미지로 도식화하는 것은 우리에게 분명 매력적이다.

재활용 로고 역시 이런 측면에서 매력적으로 다가올 수밖에 없다. 녹색의 세 화살표가 어우러진 로고는 네덜란드 화가인 마우리츠 코르넬리스 에셔의 개미가 끝없이 이동하는 뫼비우스 띠를 표현한 작품과 비슷한 성질을 띠고 있다. 우리가 가벼운 마음 혹은 죄책감을 짊어지고 버리는 포장재의 두 번째 삶을 증명하는 이 표식은 흑백으로만 표시된, 일종의 오리엔탈리즘의 형태를 취하고 있다.

그들은 원반 형태로 서로 맞물려 있어서 도교의 음과 양을 의미한다는 주장도 있다. 조상 대대로 내려오는 이 사상은 원시적이고, 미분화되고, 불확정적이고, 시공간적이며, 물질적 또는 모든 물질이 혼재되어 인간 신체와 세계가 하

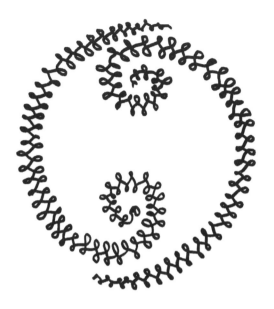

나로 일치된, '도'로 귀결된다.

　이것이 근래 산업과 협회, 그리고 정치권에서 사용하는 재활용과 '순환 경제'라는 슬로건의 진정한 기원이다. 혁명 적인 사고라는 측면에서 이것은 신화다. 즉, '쓰레기 연금술'에 기초한 오래된 인간 사상은 그 저자를 알 수 없는 이야기라는 것이다.

이 연금술은 이렇게 요약된다. '모든 것은 모든 것 안에 있다. 저마다 원리와 그 역을 가지고 있어서 시간이 흘러감에 따라 타고 마르는 것은 비옥하게 하고 영양을 공급한다. 악취는 향수가 되고 썩은 것은 황금이 된다.'

특히 농업에 영향을 미치는 이 개념을 시작으로 역사적 단층들은 점점 두텁게 쌓여 갔다. 유명한 화학자인 앙투안 라부아지에가 남긴 '아무것도 사라지지 않고 아무것도 새로 생겨나지 않는다'라는 말처럼 말이다.

자연법칙을 증명하는 것을 목표로 삼는 학문들처럼 고전주의와 신고전주의에서 영감을 받은 경제과학은 이 생산적인 순환을 '개인이 사회적 최적에 도달할 수 있는 유일한 규제 수단인 시장'을 지탱하는 상징으로 바꿔 놓았다.

스코틀랜드 철학자이자 경제학자인 (라부아지에와 동시대인인) 애덤 스미스가 상상한—'국가의 부'를 자동 조절하고 생산하는—'보이지 않는 손'은 노동자들의 손은 잊게 만드는 추상적 개념으로, 경제 행위자들의 합리성이라는 신조와 결합되었고 '원형성에 가까운 정신적인 교환'과 융합되었다. 이는 쓰레기와 잔여물을 사라지게 하여 아무것도 남기지 않는 순환경제로 탄생했다.

사람들은 가치가 떨어지지도, 죽지도 않는 물건들이—생애가 짧다고 믿고 싶은—'생애 주기' 속에서 인간의 의지와 손길에 따라 끊임없이 장소를 옮기고 스스로 변화할 수 있다고 생각한다. 광산에서 곡괭이로 채굴한 폴리머를 인간의 계획대로 생애를 미리 생각하고 형태를 바꿀 수 있다는 것이다. 폴리머는 다양한 모양으로 만들어질 수 있고, 끈적끈적해질 수 있으며, 실처럼 가늘어지거나 알갱이가 될 수도 있고, 심지어 현미경으로 봐야할 만큼 작아질 수도 있다.

자, 이제 애초의 폴리머는 사라진 걸까? 녹아서 전체에 섞인다. 스스로 형성하고 재형성되고 재활용된다. 설사 이 대열에 끼지 못하더라도 곰 인형이나 극지방에서 발견되는 작은 병 또는 섬유로서 제2의 삶이 있을 것이라는 기약이 있으니 끝이란 없다. 빙하가 '비극적 문제를 가진 바다'[21]에 가둔 플라스틱 조각을 놔 주지 않을지라도 말이다.

이 순환은 우리가 피라미드 모양의 더미와 그것에서 흘

---

21 2016년 하노이에 있는 프랑스문화원에 전시된 예술가 쩐 쯩 부의 플라스틱 들꽃에서 본 문구를 내 식대로 표현한 것이다.

러나올 것들에 대해 생각하지 못하게 할 것이다. 순환 안에서 더 이상 높고 낮음은 없으며, 원의 모든 지점들은 결정의 중심에서 항상 등거리에 있다. 고로 모두 동률이다.

내가 겪고 기록한 경험들은 이 순환과는 정반대였다. 전망도 없고 탈출할 곳도 없는 자본주의와 소비주의, 극단적 자유주의 시스템 속에서 쓰레기통의 비닐봉투를 모으는 베트남 여성 농민이 차지할 수 있는 자리가 있겠는가?

조사가 끝나고 2년 후에 민 카이 재활용 마을과 누 꾸인 지역에 스노우와 함께 다시 방문했을 때, 누 꾸인 항구 인근의 다리 밑에서 내 시선을 끄는 것이 있었다. 유동 인구가 많은 도로에서 흘러 내려간 플라스틱이었다. 나는 당시 통역을 맡은 히유에게 가까이 가 보자고 제안했다.

차들이 지날 때마다 흔들리는 거대한 콘크리트 다리 밑에서 두 여성 농민이 강에 다리를 무릎까지 담근 채로 허리를 구부리고 투명한 비닐봉투를 강물에 씻는 모습을 보고는 깜짝 놀랐다. 항구에서 사용되었던 이 봉투에는 해산물이 남아 있었지만 그들은 개의치 않았다.

가난한 이 여성들은 최근에 새로 생긴 사출 공장의 재활용업자에게 되팔 수 있는 공짜 재원을 이곳에서 발견한 것이다. 세척한 투명 폴리머가 햇볕에 발효되면 악취가 제거되기 때문에 불결함을 없애는 이 작업을 추가하면 가치가 더 높아진다. 그들은 다른 곳과 마찬가지로 이 다리 아래에서도 돈에는 악취가 나지 않는다고 말했다.

우리가 믿고 싶어 하는
'재활용'이라는 신화

'정각(sharp)' 8시가 되자 '조찬 토론' 일정이 등록된 메일이 시간을 알린다. 토론회 전에는 영어로 날카롭고 예리함을 뜻하는 이 표현(sharp)을 몰랐다. 파리 전역의 시계를 (우리가 아는 것처럼 성공적으로) 정시에 맞추기 위해 1789년이 되기 직전, 팔레 루아얄에서 작은 대포를 '정각' 정오에 터뜨렸던 것처럼 금속 도구로 24시간 우리의 생체 리듬을 조절하면서 존재의 흐름을 끊는 데 익숙해졌다.

2017년 1월, 여전히 어둡고 춥지만 우리는 정확하게 시간을 지킨다. 그렇게 시간은 흐른다. 허비할 1분도 없다. 그래서 더 효율적인 방법으로서 식사와 일, 즉 조찬과 민주적 토론을 합쳐서 진행했다.

이 마지막 이야기는 내 실패담으로 시작된다.

나는 브뤼셀에 있는 유럽의회의 '행사 초청자와 참가자들'을 위한 로비에서 길을 잃었다. 나는 몇 년 동안 벨기에 수도에서 살고 있지만, EU 기구들이 모여 있는 지역이나 룩셈부르크의 활기찬 광장에 익숙하지 못해 헤매기 일쑤다.

나는 강의와 세미나가 시작되기 전에 주어지는 '학계의 15분 유예'(오스트리아, 스위스, 핀란드, 독일, 이탈리아, 벨기에 등의 일부 대학에서 수업이나 발표를 예정된 시간보다 15분 늦게 시작하는 것을 말한다.−옮긴이주)의 암묵적 규칙에 기대를 걸며 자전거로 스카르베크와 익셀 사이를 지나 대학으로 향했다. 이번에야말로 일찍 도착하려고 노력했지만 유럽 정계의 전당에 입장하려는 사람들 사이에서 고립되는 바람에, '조찬 토론'에 참석 허가를 받지 못한 사람들이 모인 장소에도 결국 합류하지 못했다.

그 난리를 겪고 나니, 폴 앙리 스파크(유럽 통합의 선구자

역할을 한 정치가-옮긴이주) 건물의 토비가 떠올랐다. 안전에 매우 신경을 써서, 회전문과 금속탐지기가 설치되어 있고 명찰과 방문증을 확인하는 정장 차림의 요원들이 주변을 감시한다.

이 건물은 1980년대에서 1990년대로 넘어가던 당시에 수도마다 있던 비즈니스 센터와 기업 본사들의 포스트모던 건축물처럼 유리와 금속으로 만든 전형적인 미로였다. 우글거리는 사람들, 좁은 복도에서 펼쳐지는 토론, 복도 카펫 위로 미끄러지듯 지나가는 반짝이는 구두들, 개방된 지붕창 아래에서 만남이 이루어지는, 실내에 존재하는 하나의 도시였다.

나는 도움을 구하려고 스마트폰으로 조찬 주최자인 마릴린과 이메일을 주고받고 있었다. 불행하게도 그는 그때 이 행사를 주최한 유럽 바이오 플라스틱 협회의 본부가 위치한 베를린에 있어서, 녹색당·유럽자유동맹그룹 소속 국회의원인 마그레떼 아우켄의 조찬 토론회에 참석하지 못한다고 했다.

스칸디나비아 왕국의 사회주의인민당원이자 정치계 유

명 인사인 이 덴마크 국회의원이 조찬 행사에서 맡은 주제는 '생분해 플라스틱의 정의와 정확한 사용법'[22]이다. 유럽 바이오 플라스틱 협회 회원들과 프랑스의 토탈, 독일의 바스프, 미국의 듀폰, 네덜란드의 코르비온, 이탈리아의 노바몬트 같은 다국적 기업들이 이 주제에 특히 관심을 보였다. 당시 프랑스의 유럽생태녹색당 소속 국회의원의 보좌관이었던 브뤼셀 출신의 한 친구가 발언자들이 진행하는 식순을 몇 주 전에 보내 준 덕분에, 우리 모두는 당시 유럽 정치 의제에 대해 사전에 토론해 볼 수 있었다.

'일회용'이라 불리는 봉투를 중심으로 플라스틱 포장재의 사용과 상품화의 축소, 그리고 기존 경제 주체들이 자리 잡고자 하는 새로운 '바이오 플라스틱'에 대한 의제였다. 세계 곳곳에서 비닐봉투는 혼란을 만드는 가시적인 오염의 상징이 되었다. 그래서 많은 국가에서 휘발적으로 사용하는 이 소비재의 사용을 금지하고 세금을 부과하기 위한 법안을 마련했다.

그와 별개로 시민사회의 여러 주체가 이 문제에 경각심

---

22 영어 제목: 《Clarifying biodegradable plastics and how to put them to proper use》.

을 일으키기 위해서 고래나 앨버트로스의 배 속에서 플라스틱의 기나긴 여정이 끝나는 충격적인 이미지들을 배포한 적도 있다.

합성 폴리머 봉투를 금지한 선구자 중에는 아프리카인들이 있다. 2020년에 일회용 플라스틱의 38퍼센트를 생산한 아시아에 비해 아프리카는 단 1퍼센트를 생산했다.

이 외에도 2014년에 프랑수아 올랑드 프랑스 대통령 산하 생태지속가능발전에너지부의 세골렌 루아얄 장관은 자국 내 일회용 봉투 사용을 일부 금지했고, 2016년부터 사탕수수, 옥수수, 감자 전분과 같은 유기물로 만든 플라스틱으로 대체할 것을 의무화했다.

대부분 GMO (특히 브라질 사탕수수) 농업 관련 산업 제품으로 대체하는 이 규제는 특히 과일과 채소 판매 시에 사용되는 포장재에 국한되어 있었다. 아이러니하게도 50마이크로미터 이상으로 두꺼운 봉투는 다회용 봉투로 분류되어서 금지 품목이 아니었다. 예를 들자면, 약국이나 마트 등 가게의 이름이 인쇄된 다회용 봉투는 적어도 2회 정도 사용된다. 한 번은 장을 볼 때, 또 한 번은 쓰레기봉투로 쓰이는 것이다.

이런 플라스틱 정책은 근본적인 생산 감소보다는 대체품과 새로운 산업의 발전에 중심을 두고 있기 때문에, 곧 문제가 되는 포장재의 부패를 가속화하고 자연에서 빠르게 사라지게 만드는 것이 목표인 셈이다. 사라지는 플라스틱은 새로운 신화가 될 것이다. 이 신화는 내가 앞서 말했다시피 지금에야 논쟁의 대상이 되는 재활용과 관련된 쟁점으로 주제가 바뀔 것이다.

플라스틱 포장재 문제를 제거하고 보이지 않게 하며 무해하고 논쟁거리가 되지 않을 방법으로서, 플라스틱 가공 산업은 세계 폴리머 제품 생산량의 1퍼센트에 불과한 '바이오 플라스틱'[23]에 투자하고 있다. 기업의 로비 활동을 통해 이 플라스틱은 '생분해 가능', '바이오 기반', 혹은 '두 가지 모두'를 가진 것으로 정의되었다.[24] 바이오 플라스틱은 (지질 시대 차원에서 재생되는) 탄화수소와는 반대로, 인간 세대 차원에서 재생 가능한 자원으로 만들 수 있다.

---

23 재생가능 재료 및 에너지로의 산업 전환 전문인 독일 민간 연구소인 노바 연구소의 2018년 보고서 참고

24 유럽 바이오플라스틱스의 웹사이트 참고 : www.european-bioplastics.org

하지만 과잉 생산되는 부산물 회수에 기반을 둔 이 기술을 사용한 집약 농업 모델이 단기 혹은 중장기적으로 생태계에 미치는 영향이 없진 않다. 화학 요소(비료 또는 살충제) 대량 사용, 고도로 기계화된 단일 재배의 확산, 그리고 플라스틱 알갱이로 가득 채운 화물의 국제 무역은 이 세계적인 농업 관련 산업 모델에 석유화학 및 플라스틱 가공 모델과 같은 종류의 오해를 만든다.

내가 앞서 기술한 것처럼, '바이오 기반' 광석은 일반적인 비즈니스 시스템에서 그저 합성 플라스틱 광석을 대신할 뿐이다. 그런데 생분해는 '바이오 기반' 폴리머의 본질적 특성이 아니다.

플라스틱 재료 전문가로, 물리학자이자 화학자인 엘리즈 콘트레르는 '오늘날 절반도 안 되는 44퍼센트의 폴리머만이 화학적 특성으로 실제 생분해 된다'고 설명한다. 따라서 이 폴리머의 이름은 다시 지어져야 한다. 생명을 의미하는 그리스어 접미사인 'βίος'는 상업화가 진행되면서 그 가치를 잃었으니 말이다. 모든 비판을 흡수하고 제거해 버리는 자본주의 시스템에서 생태학도 그 예외는 아니다.

조찬이 진행되는 와중에 나는 한 기업가가 '바이오 플라스틱'을 반대하는 것을 보고 깜짝 놀랐다. 이 대체품에 대해 공개적으로 비판을 쏟아내는 유일한 한 사람은 (한 단체뿐이었지만 내내 조용히 있던) NGO의 대표도, 국회의원도, 고위 공무원도 아니었다. 그는 다름 아닌 재활용 기업 조합의 대표였다.

그는 '2차 원료'(쓰레기)가 서로 다른 성질을 가진 폴리머들에 의해 혼합되고 오염되어 재료 가공의 안정성과 재활용 제품의 내구성이 떨어질 것을 우려했다. 모든 종류의 폴리머(HDPE, LDPE, PET, PP 등)를 인지하는 것 외에도, 분리수거에는 (아마 유일하게 재활용되는) 합성 플라스틱과 생물분해성 혹은 생분해성 플라스틱을 구별할 수 있는 노하우가 필요하다. 이는 가정에서 담당하는 과정을 매우 복잡하게 만들기도 하지만, 주로 담당하는 이는 쓰레기 처리 노동자들이다.

분해되는 플라스틱이 합성 플라스틱을 대체하게 되면 재활용은 사라지고(혹은 매우 특화되어 있고 수익성 있는 일부 산업에 국한되어), 현재의 재활용 시장의 역할을 매립 또는 퇴비화시키는 정도로 축소시킬 위험이 있다. 따라서 쟁점은 점점 확대되고 찬성파와 반대파 사이에서 새로운 논쟁이 벌어지고 있다.

그럼에도 전문가와 문외한을 이분법적으로 구분하려는 기업가들의 의도대로 이 사회 기술적 논쟁을 전문가 집단이 독차지하게 두어서는 안 된다. 플라스틱 제품이나 플라스틱 쓰레기의 미래는 다수의 주체와 관련되어 있기 때문에 그들의 견해도 고려해야 한다.

각 지역의 거주민과 시민, 관련 분야의 전문가와 기술자, 지도자, 환경운동가, 국회의원과 정당 대표 등 모든 목소리가 지식을 공유하고 플라스틱 문제와 관련된 모든 쟁점을 파악하면서 민주적으로 최선의 선택에 대해 논하는 것이 중요하다.

2016년에 베트남의 한 제강소에서 강으로 방출한 화학 제품 때문에 수천만 마리의 물고기들이 떼죽음을 맞은 '포모사 플라스틱 위생·환경 사건' 이후 (금지된) 한 시위의 슬로건에서 언급했듯이 말이다. "물고기는 맑은 물이 필요하다. 사람은 투명성이 필요하다(Cá cần nước sạch, Dân cần minh bạch)."

"내가 어느 쪽에 있는지 확실히 말할 수 없습니다(I'm not sure where I am)." 마그레떼 아우켄 의원은 브뤼셀에서 열린 조찬 토론회를 이 미스터리한 문장으로 마무리지었다. 이날, 명확한 입장을 내세울 수 없는 의원이 대표하는 정치권은 플라스틱의 미래에 대한 사회 과학적 논쟁에서 극적으로 벗어났다.

생산적이고 논증적인 시장에서―재활용을 찬성하는 산업과 바이오 플라스틱을 찬성하는 산업이 그들의 상업 능력과 로비 실력을 겨루며―경쟁하는 경제 주체들의 다양한 견해에 의존하기로 하고, 그는 배를 포기한 것이다. 이날 아침, 우리가 손에서 무심코 떨어뜨린 플라스틱 조각처럼 민주주의는 흩어져 버렸다.

프롤로그

Jane Bennett, 『Vibrant Matter. A political ecology of things』, Durham, Duke University Press, 2010.

Nathalie Ortar et Elisabeth Anstett(dir.),『Jeux de pouvoir dans nos poubelles. Économies morales et politiques du recyclage au tournant du xxie siècle』, Paris, Éditions Petra, 2017, p. 95-114.

'플라스틱' 블랙박스

Bruno Latour, 『Esquisse d'un Parlement des choses』, Écologie & politique, n° 56, 2018, p. 47-64.

David Guerrero et Jean-Paul Rodrigue, 『The waves of containerization: shifts in global maritime transportation』, Journal of Transport Geography, 2014, n° 34, p. 151-164.

Geneviève Fraisse, 『Les Deux Gouvernements : la famille et la Cité』, Paris, Gallimard, 2001.

Georges Bataille, 『La Part maudite』, Paris, Éditions de Minuit, 2014 [1949].

Jean-Louis Genard et Marta Roca i Escoda, 『Le rôle de la surprise dans l'activité de recherche et son statut épisté-mologique』, SociologieS, mis en ligne le 19 novembre 2013.

Marc Levinson, 『The Box. How the Shipping Container Made the World Smaller and the World Economy Bigger』, Oxford, Princeton University Press, 2006.

Monique Haicault, 『La gestion ordinaire de la vie en deux』, Sociologie du travail, vol. 26-3, 1984, p. 268-277.

Sylvia Ullmo, 『La guerre du Vietnam et l'économie américaine』, in Jean Cazemajou et Jean- Michel Lacroix(dir.), 『La Guerre du Vietnam et l'opinion publique américaine』(1961-1973), Paris, Presses de la Sorbonne Nouvelle, 1991, p. 169-187.

Voir Nathalie Fau, 「La maritimisation de l'économie vietnamienne : un facteur exacerbant les conflits entre le Viêt Nam et la Chine en mer de Chine méridionale?」, Hérodote, 2015, no 157, p. 39-55.

쓰레기 패러독스

Agnès Jeanjean, 「Basses oeuvres. Une ethnologie du travail dans les égouts」, Paris, Éditions du Comité des travaux historiques et scientifiques, 2006, p. 32.

Jennifer Gabrys, 「Digital Rubbish. A Natural History of Electronics」, Ann Arbor, The University of Michigan Press, 2013 [2011] (citation de la p. 138).

Michael R. DiGregorio, 「Urban Harvest: Recycling as a Peasant Industry in Northern Vietnam」, Honolulu, East-West Center, 1992.

재활용 마을에서 일어나는 일들

Jean-François Braunstein, 「Comte, de la nature à l'humanité」, in Olivier Bloch (dir.), 「Philosophies de la nature」, Paris, Éditions de la Sorbonne, 2000 [en ligne : consulté le 27 mai 2021].

Michelle Murphy, 「Alterlife and decolonial chemical relations」, Cultural Anthropology, vol. 32, no 4, 2018, p. 494-503.

Paul Veyne, 「Le Pain et le Cirque. Sociologie historique d'un pluralisme politique」, Paris, Seuil, 1995 [1976].

Peter Wynn Kirby, 「Mangling and promiscuity. Materialities of waste conversion in East Asia」, Electronic Journal of Contemporary Japanese Studies, vol. 18(2), 2018[en ligne].

Philippe Papin, 『Histoire de Hanoi』, Paris, Fayard, 2001 ; ou Sylvie Fanchette et Nicholas Stedman, 『Discovering Craft Villages in Vietnam: Ten itineraries around Hà Nôi.』, Paris, Institut de Recherche pour le Développement-Thê Gioi, 2009.

Yann Bao An et Benoît de Tréglodé, 「Doi moi et mutations du politique」, in Stéphane Dovert et Benoît de Tréglodé (dir.), 『Viêt Nam contemporain』, Paris/Bangkok, IRASEC-Les Indes savantes, 2009, p. 119-151.

돌고 돌아 다시 원점?

Baptiste Monsaingeon, 「Homo Detritus, Critique de la société du déchet」, Paris, Seuil, 2017.

Dominique Laporte, 「Histoire de la merde」, Paris, Christian Bourgeois, 2003 [1978] (citation de la p. 47).

Hervé Defalvard et Julien Deniard, 「Les organisations de l'économie sociale et solidaire dans l'économie des déchets et du réemploi en Île-de-France:une approche institutionnaliste」, *Mouvements*, n° 87, 2016, p. 70-81(citation de la p. 70).

James Ferguson, 「Expectations of Modernity. Myths and Meanings of Urban Life on the Zambian Copperbelt」, Berkeley, University of California Press, 1999.

Jiu-Liang Wang, <Plastic China>, Beijing/Honk Kong–Taipei, CNEX Studio Corporation, 2017.

Nelly Didelot, 「L'Europe de l'Est, terminus des résidus plastiques de l'UE」, Libération, 31 mai 2021.

Paul Veyne, 「Les Grecs ont-ils cru à leurs mythes? Essai sur l'imagination constituante」, Paris, Seuil, 1983.

Roland Barthes, 『*Mythologies*』, Paris, Seuil, 1970 [1957].

Timothy Mitchell, 「Carbon Democracy. Le pouvoir politique à l'ère du pétrole」, Paris, La Découverte, 2013(citations de la p. 25).

Voir Philippe Descola, 『*Par-delà la nature et la culture*』, Le Débat, n° 114, 2001, p. 86-101 (pour une synthèse de l'analyse de l'anthropologue Philippe Descola sur la dichotomie Nature-Culture).

에필로그

Élise Contraires, <Les bioplastiques, une solution bio pas si écolo>, The Conversation, 2020 [en ligne].

Luc Boltanski et Ève Chiapello, 『*Le Nouvel Esprit du capitalisme*』, Paris, Gallimard, 1999.